Inhalt

Weltmeister 1990: Lothar Matthäus & Co. nach dem 1:0 im Finale gegen Argentinien.

DIE NATIONALELF
Deutschlands Fußballstolz

Das „Wunder von Bern": Nach dem WM-Triumph 1954 wird Kapitän Fritz Walter begeistert gefeiert.

Die Nationalmannschaft ist das Aushängeschild des deutschen Fußballs. In ihr spielen die besten Spieler, die einen deutschen Pass besitzen. Bei Welt- und Europameisterschaften hat sie schon viele Erfolge gefeiert.

Bereits dreimal konnte Deutschland den WM-Titel gewinnen: 1954, 1974 und 1990. Nur Brasilien (fünfmal) und Italien (viermal) sind häufiger Weltmeister geworden. Keine andere Mannschaft erreichte allerdings so oft das Finale wie die deutsche. Bereits siebenmal stand sie in einem WM-Endspiel, somit ging sie viermal als Vize-Weltmeister vom Platz, nämlich 1966, 1982, 1986 und 2002. Weltre-

CHRISTOPH BAUSENWEIN

Das große **Buch** der
Nationalmannschaft

Der Autor

Christoph Bausenwein veröffentlichte im Verlag Die Werkstatt einige viel beachtete Bücher, zuletzt über den Bundestrainer (*Joachim Löw und sein Traum vom perfekten Spiel*) und den FC Bayern München (*FC Bayern München: Unser Verein, unsere Geschichte,* zusammen mit D. Schulze-Marmeling). Zugleich verfasste er Kinderbücher zum Thema Fußball, insbesondere das erfolgreiche *Was ist was*-Fußballbuch sowie in der Reihe *Bücher für Fußball-Kids* Vereinsbücher zum FC Bayern München, Borussia Dortmund, Hamburger SV, Borussia Mönchengladbach und Werder Bremen.

Literatur

Wenn ihr noch mehr über die Nationalmannschaft erfahren wollt, dann schaut doch in unten stehende Bücher aus dem Verlag Die Werkstatt. Aus ihnen stammen auch viele Informationen, die dieses Buch enthält:

Dietrich Schulze-Marmeling (Hrsg.): *Die Geschichte der Fußball-Nationalmannschaft,* Göttingen 2008

Dietrich Schulze-Marmeling / Hubert Dahlkamp: *Die Geschichte der Fußball-Weltmeisterschaft,* Göttingen 2010

Dietrich Schulze-Marmeling / Hubert Dahlkamp: *Die Geschichte der Fußball-Europameisterschaft,* Göttingen 2008

Impressum

Bibliografische Information der Deutschen Nationalbibliothek: Die Deutsche Nationalbibliothek verzeichnet diese Publikation in der Deutschen Nationalbibliografie; detaillierte bibliografische Daten sind im Internet über http://dnb.d-nb.de abrufbar.

Satz und Gestaltung: Verlag Die Werkstatt
Covergestaltung: www.vogelsangdesign.de
Druck und Bindung: Grafisches Centrum Cuno, Calbe

ISBN 978-3-7307-0006-8

kord ist auch das zwölfmalige Vordringen ins Halbfinale. Zählt man alle WM-Spiele zusammen, dann liegt Deutschland hinter Brasilien auf Platz 2 der ewigen WM-Tabelle.

Deutschland ist nicht nur bei Weltmeisterschaften die erfolgreichste Mannschaft Europas. Die Auswahl des Deutschen Fußball-Bundes (DFB) liegt auch bei Europameisterschaften auf Platz 1. Bis 2012 nahm sie elfmal – und damit so häufig wie kein anderes Land – an einer EM teil. Sechsmal gelangte sie ins EM-Endspiel, dreimal – 1972, 1980 und 1996 – konnte sie gewinnen. Beides ist ebenfalls Rekord. Rekord ist darüber hinaus die ununterbrochene Teilnahme an sämtlichen EM-Endrunden von 1972 bis 2012. Nur einmal, nämlich beim ersten Versuch 1968, gelang es der deutschen Mannschaft nicht, sich für die Endrunde zu qualifizieren.

Europameister 1972: Franz Beckenbauer und Günter Netzer, die Köpfe der vielleicht besten deutschen Mannschaft aller Zeiten.

Titel und Rekorde

Weltmeister 1954, 1974, 1990
Europameister 1972, 1980, 1996

Deutsche WM-Rekorde
Die meisten Spiele (99)
Die meisten Finalteilnahmen (7)
Am häufigsten Zweiter (4 x)
Am häufigsten Dritter (4 x)
Die meisten Halbfinal-Teilnahmen (12)
Die meisten gewonnenen Elfmeterschießen (4 von 4)
Als einziges Land dreimal in Folge im Finale (1982, 1986, 1990)
Keine Auswärtsniederlage in zwölf Qualifikationsrunden
Erster Weltmeister im Land eines anderen Weltmeisters (1990 in Italien)
Erster Europameister, der Weltmeister wurde (1972 und 1974)

Der Jules-Rimet-Pokal (links) war die Siegestrophäe bei den Weltmeisterschaften von 1930 bis 1970. Sein Nachfolger ist der FIFA-WM-Pokal (rechts).

Deutsche EM-Rekorde
Die meisten Endrunden-
  Teilnahmen (11)
Die meisten Spiele (43)
Die meisten Siege (23)
Die meisten Titel (3)
Am häufigsten Zweiter (3 x)
Die meisten Final-Teilnahmen (6)
Die meisten Halbfinal-Teilnahmen (8)

(Stand: 1. Juli 2012)

Der Coupe Henri-Delaunay wird seit 1960 dem Fußball-Europameister verliehen.

DER FUSSBALL-LEHRLING

Die Nationalmannschaft 1899 – 1945

WM-Dritter 1934

Teilnehmer Olympische Spiele 1912, 1928, 1936

Teilnehmer WM 1938

Die deutsche Mannschaft beim ersten Länderspiel gegen die Schweiz. Von links: Baumgärtner, Hensel, Baumgarten, Hiller, Hempel, Förderer, Jordan, Ludwig, Kipp, Weymar.

1908 Das erste Länderspiel

Die Geschichte der Nationalmannschaft beginnt mit fünf inoffiziellen Länderspielen, die Walther Bensemann, der spätere Herausgeber der Zeitschrift *Kicker*, in den Jahren 1899 bis 1901 organisierte. Diese „privaten" Auswahlteams trafen dabei immer auf Mannschaften aus England, dem Mutterland des Fußballs. Alle Spiele endeten mit hohen Niederlagen für Deutschland.

Als offizielle Länderspiele gelten nur diejenigen, die der Deutsche Fußball-Bund (DFB) durchführt. Das erste fand am 5. April 1908 statt. Die DFB-Auswahl, die aus elf Spielern von elf verschiedenen Vereinen bestand, traf vor 3.500 Zuschauern in Basel auf das Team der Schweiz. Die DFB-Elf, die damals noch keinen Trainer hatte, verlor die als „freundschaft-

licher Länderkampf" angekündigte Begegnung mit 3:5.

Auch in den folgenden Länderspielen blieb die deutsche Elf sieglos und kassierte viele Gegentore. Ernüchternd war vor allem ein 0:9 in Oxford gegen eine Auswahl englischer Amateure.

Programm zum ersten Länderspiel Deutschland – Schweiz am 5. April 1908.

Der DFB

Die Nationalmannschaft ist das Auswahlteam des Deutschen Fußball-Bundes (DFB). Der DFB wurde am 28. Januar 1900 in Leipzig gegründet und wuchs rasch. Noch vor dem Ersten Weltkrieg hatte er weit über 100.000 Mitglieder, die Millionengrenze wurde in den 1920er Jahren erreicht. Heute ist er mit fast 7 Mio. Mitgliedern der größte Fußballverband der Welt. Gegliedert ist der DFB in 5 Regionalverbände, die sich wiederum in insgesamt 21 Landesverbände aufteilen.

Prof. Dr. Ferdinand Hueppe, der erste DFB-Präsident.

9

Szene aus einem Länderspiel gegen Ungarn. Deutschland verlor in München mit 1:4. Die Deutschen in weißen Trikots: Willy Worpitzky (links) und Julius Hirsch.

1909 Erster Sieg gegen die Schweiz

Der erste Sieg gelang der deutschen Auswahl erst im sechsten Länderspiel. Es war am 4. April 1909 in Karlsruhe, der Gegner war erneut die Schweiz. Den entscheidenden Treffer zum 1:0 erzielte der Stuttgarter Eugen Kipp. Seltsamer-weise war es nicht das einzige Länder-spiel an diesem Tag. Denn zeitgleich spielte eine andere deutsche National-mannschaft in Budapest gegen Ungarn 3:3. Wie war es zu diesem Doppel-Län-derspiel gekommen? Jeder Landesver-band versuchte damals, möglichst viele eigene Spieler in die DFB-Auswahl zu bringen. Mit zwei gleichzeitigen Spielen konnte man daher alle zufriedenstellen. Und so traten die süddeutschen Spieler in Karlsruhe an, die mittel- und nord-deutschen in Budapest. Eine dauer-hafte Lösung war das natürlich nicht. Auch die spätere Idee, dass jeder Lan-desverband eine vorab festgelegte Zahl von Spielern für bestimmte Spiele und Positionen benennen durfte, war nicht besonders klug.

1910 Zuschauer als Nationalspieler

Wer für Deutschland spielen durfte, blieb weiterhin ein Streitthema. Sel-ten trat die wirklich stärkste deutsche Mannschaft an. Unter anderem lag das daran, dass der DFB bei der Spielan-setzung nicht auf wichtige Termine der Vereine achtete. Am 15. Mai 1910 etwa fand das Finale um die Deutsche Meis-terschaft in Köln statt, das der Karls-ruher FV gegen Holstein Kiel mit 1:0 gewann. Nur einen Tag später stand in Duisburg ein Länderspiel gegen Bel-gien an. Da alle Endspielteilnehmer ab-gesagt hatten, standen vor dem Anpfiff lediglich sieben Spieler auf dem Platz. In ihrer Not ernannten die Offiziellen des DFB einige zufällig im Publikum anwesenden Duisburger Fußballer kur-zerhand zu Nationalspielern. Das zu-sammengewürfelte Team hatte natür-lich keine Chance und verlor mit 0:3.

1912 Torreigen in Stockholm

Die ersten großen internationalen Fußballturniere fanden bei den Olympischen Spielen statt. 1908, als der Fußball dort erstmals eine offizielle Sportart war, nahm Deutschland allerdings noch nicht teil. Erst 1912 in Stockholm war es so weit. Die deutsche Auswahl schied nach einem 1:5 gegen Österreich aus dem Turnier aus. Immerhin gelang anschließend in der Trostrunde ein sagenhaftes 16:0 gegen eine russische Auswahl. Dieser Sieg ist bis heute der höchste in der Geschichte der deutschen Nationalmannschaft. Allein zehn Treffer erzielte Gottfried Fuchs vom damaligen Spitzenklub Karlsruher FV. Kein anderer Torjäger, nicht einmal Gerd Müller, sollte jemals diesen Rekord brechen. Allzu viel wert ist er aber wohl nicht. Russland war damals ein Fußball-Entwicklungsland. Außerdem scheinen die Gegner auch nicht besonders gut in Form gewesen zu sein. Am Vorabend, so heißt es, hätten sie bis tief in die Nacht gefeiert.

Gottfried Fuchs (Dritter von links) und seine Mannschafts-kameraden vor dem 16:0-Rekordsieg 1912 in Stockholm.

Rekordtorschütze Gottfried Fuchs.

Programm zu den Olympischen Spielen 1912 in Stockholm.

1920 Erstes Länderspiel nach dem Ersten Weltkrieg

Durch den Ausbruch des Ersten Welt-krieges im August 1914 mussten alle geplanten Länderspiele abgesagt wer-den. Nach Kriegsende im November 1918 war das besiegte Deutschland von den anderen Ländern isoliert. Die ehemaligen Kriegsgegner wie Frank-reich und England weigerten sich, an sportlichen Treffen mit Deutschen teil-zunehmen. Ihrer Meinung nach trug Deutschland die Hauptschuld am Aus-bruch des Krieges, der Millionen von Opfern gefordert hatte. Einzig die neu-

Zur Begrüßung der Schweizer vor dem ersten Nachkriegsländerspiel strömten die Fußballfans am „Römer" in Frankfurt zusammen. Das Interesse am Fußball nahm in den 1920er Jahren enorm zu.

tral gebliebene Schweiz erklärte sich schließlich zu einem Länderspiel bereit. So reiste eine Auswahl des DFB nach Zürich und verlor dort am 27. Juni 1920 mit 1:4. Am 1. Januar 1923 trat dann mit Italien erstmals einer der einstigen Kriegsgegner gegen Deutschland an. Der ehemalige „Erzfeind" Frankreich sollte sich erst acht Jahre später zu einem Länderspiel bereitfinden.

Die deutsche Nationalmannschaft beim Olympiaturnier 1928. 3. von links Kapitän Hans Kalb, der im Spiel gegen Uruguay vom Ägypter Youssouf Mohamed nach einem groben Foulspiel vom Platz gestellt wurde. Seine Länderspiel-Karriere war damit beendet.

Olympia 1928 in Amsterdam

Im Jahr 1926 wurde mit Otto Nerz erstmals ein hauptamtlicher Nationaltrainer be-nannt. Nerz sorgte nicht nur für eine bessere Kondition der Spieler, sondern durch die Einführung des in England üblichen W-M-Systems auch für eine bessere Organisation auf dem Platz. Bei den Olympischen Spielen 1928 in Amsterdam wollte

Offizielles Plakat zu den Olympischen Spielen 1928 in Amsterdam.

er die neue Stärke des deutschen Fußballs demonstrieren. Im ersten Spiel gelang der Nationalmannschaft ein überzeugender 4:0-Sieg gegen die Schweiz. Dann traf sie auf Uruguay. Es war das allererste Spiel eines deutschen Teams gegen eine außereuropäische Mannschaft. Die „Urus", Olympiasieger von 1924, waren klarer Favorit. Es wurde ein hartes Spiel mit vielen Fouls. So gab es gleich drei Platzverweise – für die Deutschen Hans Kalb und Richard Hofmann sowie für Uruguays Kapitän José Nasazzi. Wenn der Ball rollte, hatten die Deutschen gegen die technisch und taktisch starken Südamerikaner keine Chance. Das Endergebnis gegen den späteren Olympiasieger, der sich im Finale gegen Argentinien durchsetzte, lautete 1:4.

Positionen und Rückennummern im klassischen W-M-System

Linksaußen (11)   Mittelstürmer (9)   Rechtsaußen (7)
Halblinker (10)   Halbrechter (8)
Linker Läufer (6)   Rechter Läufer (4)
Linksverteidiger (3)   Mittelläufer/Stopper (5)   Rechtsverteidiger (2)
                          Torwart (1)

W-M-System
Das W-M-System stammte aus England. Zuvor hatte man mit zwei Verteidigern, drei Läufern und fünf Stürmern gespielt (2-3-5). Mit dem W-M-System ergab sich eine 3-2-2-3-Anordnung. Nun standen drei Verteidiger und zwei Läufer in der Defensive. Die Offensive wurde aus zwei Halbstürmern und drei Sturmspitzen gebildet. Von oben betrachtet sah diese Aufstellung nun wie ein „W" aus (die Offensive), das auf einem „M" stand (die Defensive), weshalb man sie „W-M-System" nannte. Diese Aufstellung verstärkte die Defensive und erlaubte ein vielfältigeres Kombinationsspiel. Später wurde die Vierer-Abwehrkette eingeführt, und es entwickelten sich die noch heute üblichen Systeme 4-4-2 oder 4-3-3.

1930 Erste WM ohne Deutschland

Bei der ersten Fußball-Weltmeisterschaft 1930 in Uruguay war Deutschland nicht dabei. Wie viele andere europäische Verbände sagte der DFB ab. Es herrschte eine weltweite Wirtschaftskrise, so dass vielen Verbänden Kosten und Aufwand zu hoch erschienen. Außerdem war es für die deutschen Spieler, die zu dieser Zeit ja noch Amateure waren, kaum möglich, so lange Urlaub zu nehmen. Interkontinentalflüge gab es damals noch nicht, allein für die Anreise per Schiff über den Atlantik benötigte man zwei Wochen. Nur Belgien, Rumänien, Frankreich und Jugoslawien nahmen schließlich teil. Alle vier blieben chancenlos. Uruguay sicherte sich den Titel mit einem 4:2 im Endspiel gegen Argentinien. Große Chancen hätte wohl auch die DFB-Auswahl nicht gehabt, auch wenn sie im April 1929 in Turin bei ihrem ersten Sieg gegen die starken Italiener – das Spiel endete 2:1 – große Fortschritte hatte erkennen lassen.

Torwart Heiner Stuhlfauth klärt beim 2:1-Sieg 1929 in Turin per Faustabwehr. Es war das größte Spiel seiner Länderspielkarriere.

1912 schmückte der jüdische Nationalspieler Julius Hirsch noch das Titelbild einer Sportzeitung. Später wurde er von den Nationalsozialisten verfolgt und ermordet.

Die deutsche Elf im Januar 1934 vor dem mit 3:1 gewonnenen Spiel gegen Ungarn. Im Auftrag des Führers zeigten sie den in Nazideutschland üblichen Hitlergruß.

1933-45 Fußball im Nationalsozialismus

Nach der Machtübernahme der Nationalsozialisten im Januar 1933 wurden sämtliche Sportverbände aufgelöst und von den Nationalsozialisten neu organisiert. Das nannte man Gleichschaltung. Der DFB mit dem damaligen Präsidenten Felix Linnemann ging im Fachamt Fußball auf, oberster Chef wurde der Reichssportführer Hans von Tschammer und Osten. Spieler jüdischen Glaubens und viele andere, die den Nationalsozialisten nicht passten, wurden vom Sport ausgeschlossen, verfolgt und ermordet. Das Nationaltrikot tragen durften nur noch Spieler, die sich in die neuen politischen Verhältnisse fügten und vor dem Spiel ihren Arm zum sogenannten Hitlergruß streckten.

1934 Erste WM-Teilnahme in Italien

Mit einem einzigen Spiel – 9:1 gegen Luxemburg – qualifizierte sich das deutsche Team 1934 erstmals für eine Weltmeisterschaft. Diese fand in Italien statt und wurde im K.-o.-System durchgeführt. Durch Siege gegen Belgien (5:2) und Schweden (2:1) kam das Team von Trainer Otto Nerz bis ins Halbfinale. Wichtige Spieler waren neben Mittelläufer Fritz Szepan der Rechtsaußen Ernst Lehner, der Halblinke Otto Siffling sowie der Mittelstürmer Edmund Conen, dem in der zweiten Halbzeit gegen Belgien drei Treffer hintereinander gelungen waren.

Mehrere Fehler des Torwarts Willibald Kreß führten im Halbfinale zu einer 1:3-Niederlage gegen die Tschechoslowakei. Im Spiel um Platz 3, dem „kleinen Finale", traf die Nationalelf – nun mit Hans Jakob als Torwart – auf Österreich. Lehner und Conen schossen eine 2:0-Führung heraus, Österreich verkürzte auf 2:1. Kurios war dann Deutschlands Treffer zum 3:1 in der 42. Minute. Der Österreicher Karl Sesta hatte sich auf den Ball gesetzt, Edmund Conen, der den Trick schon kannte, sich aber nicht verblüffen lassen: Er spitzelte Sesta den Ball unter dem Hintern weg, der Ball landete bei Lehner, und der schoss ins Tor. Deutschland führte mit 3:1, am Ende hieß es 3:2. Weltmeister wurde Italien, das sich im Endspiel knapp mit 2:1 in der Verlängerung gegen die Tschechoslowakei durchsetzte.

Plakat zur WM 1934 in Italien.

Enttäuschung bei Olympia 1936

Ab 1933 trug die Nationalmannschaft weit mehr Länderspiele aus als zuvor. Die Nationalsozialisten wollten den Fußball dazu benutzen, sich in anderen Ländern beliebt zu machen und zugleich die Überlegenheit der „deutschen Rasse" zu beweisen. Tatsächlich wurde die Bilanz besser, allerdings hatte das auch damit zu tun, dass die deutsche Auswahl meist gegen eher schwache Gegner antrat.

Einen Schock für die Nazis gab es dann bei den Olympischen Spielen 1936 in Berlin. Deutschland startete zunächst mit einem 9:0 gegen Luxemburg überlegen in das Turnier. Beim zweiten Spiel gegen Norwegen war auch der Diktator Adolf Hitler erstmals bei einem Fußballspiel anwesend. Deutschland verlor jedoch überraschend mit 0:2. Hitler war außer sich und wollte danach nie mehr ein Fußballspiel besuchen. Der Fußball, so hatte dieses Spiel gezeigt, war unberechenbar und ließ sich nicht für politische Machtdemonstrationen benutzen. Angelastet wurde die Niederlage vor allem dem Trainer Otto Nerz. Sein Assistent Sepp Herberger übernahm nun die Betreuung des Teams und erhielt den Titel „Reichstrainer".

Vor dem Spiel gegen Norwegen im Poststadion von Berlin lächelte Adolf Hitler noch. Doch nach der 0:2-Niederlage ging er nie mehr in ein Fußballstadion.

Der neue Reichstrainer Sepp Herberger (links) mit seinem Vorgänger Otto Nerz.

Ein Plakat kündigt die Olympischen Spiele 1936 an.

STRENGER NATIONALTRAINER

Trainer Otto Nerz legte äußersten Wert auf die Amateurehre und Disziplin seiner Spieler. So durfte der Stürmer Richard Hofmann 1934 nicht zur WM nach Italien mitfahren, weil er Werbung für eine Zigarette namens „Bulgaria" gemacht und dafür 3.000 Mark kassiert hatte. Die Entschuldigung, dass er selbst ja Nichtraucher sei, half ihm nicht. Siggi Haringer war bei der WM bis zum Spiel um den 3. Platz Stammverteidiger. Dort durfte er nicht mitmachen, weil er kurz vorher auf einem Bahnsteig ohne Erlaubnis des Trainers eine Apfelsine geschält und gegessen hatte.

1937 Erfolge der „Breslau-Elf"

Am 16. Mai 1937 gelang der deutschen Nationalmannschaft in Breslau ein spektakulärer 8:0-Sieg gegen Dänemark. Es war bereits der fünfte Sieg in Folge, bis Jahresende kamen noch fünf weitere hinzu. Diese Siegesserie ließ Fans und Presse von der „Breslau-Elf" schwärmen. Trainer Herberger konnte zufrieden sein mit dieser gut harmonierenden Mischung aus erfahrenen Spielern und jungen Talenten: Jakob, Janes, Münzenberg, Szepan, Lehner und Siffling auf der einen Seite, Kitzinger und Kupfer sowie Gellesch und Urban auf der anderen. Alle Beobachter waren sich einig: Diese Mannschaft, die einen technisch und taktisch ausgezeichneten Fußball zeigte, zählte zu den Favoriten für die anstehende WM in Frankreich. Aber sie durfte dann dort nicht antreten...

Plakat zur WM 1938 in Frankreich.

„Großdeutschland" bei der WM 1938

Im März 1938 war Österreich als „Ostmark" dem von den Nationalsozialisten beherrschten Deutschen Reich angegliedert worden. In seinem letzten Spiel am 3. April in Wien schlug das damals äußerst spielstarke „Wunderteam" Österreichs die deutsche Elf mit 2:0. Deshalb forderten die nationalsozialistischen Sportführer, dass das WM-Team mindestens zur Hälfte aus Österreichern bestehen sollte. Auch aus politischen Gründen, nämlich zur Demonstration der Einigkeit, forderten sie eine gemischte Mannschaft. Doch eine Kombination von österreichischen Profis und deutschen Amateuren ergab nicht zwingend ein Superteam, zumal dann, wenn nicht genug Zeit zum Einspielen blieb.

Die legendäre „Breslau-Elf". Von links: Szepan, Jakob, Gellesch, Lehner, Münzenberg, Goldbrunner, Janes, Siffling, Urban, Kupfer, Kitzinger.

Beim ersten WM-Spiel am 4. Juni in Paris schaffte die von Sepp Herberger aus sechs deutschen und fünf österreichischen Spielern zusammengebastelte Mannschaft nur ein mageres 1:1 gegen die Schweiz. Da es damals noch kein Elfmeterschießen gab, musste die Entscheidung fünf Tage später in einem Wiederholungsspiel fallen. Die deutschösterreichische Elf ging mit 2:0 in Führung, dann aber stürmten nur noch die Schweizer. Am Ende hieß es 2:4. „Großdeutschland" war damit bereits in der WM-Vorrunde ausgeschieden. Weltmeister wurde erneut Italien, das im Finale gegen Ungarn mit 3:2 gewann.

Vor dem Anpfiff des ersten Spiels der „großdeutschen" Nationalmannschaft gegen die Schweiz bei der WM 1938.

1939-42
Länderspiele im Krieg

Mit dem Angriff der deutschen Wehrmacht auf Polen begann am 1. September 1939 der Zweite Weltkrieg. Dennoch gab es weiterhin Länderspiele, allerdings nur noch gegen verbündete und neutrale Staaten. Die Ergebnisse waren oft mager. Als die Nationalmannschaft am 20. April 1940 – dem Geburtstag von Adolf Hitler – in Bern gegen die neutrale Schweiz mit 1:2 unterlag, waren die Nazi-Sportführer richtig sauer. Ab sofort sollte die Nationalelf nur noch gegen schwache Gegner antreten, die kaum eine Siegchance hatten. Von den nächsten 16 Länderspielen wurden dann tatsächlich elf gewonnen, nur drei Spiele – einmal gegen die Schweiz und zweimal gegen Schweden – wurden verloren. Am 22. November 1942 fand das letzte Länderspiel Deutschlands während des Krieges statt. Es wurde in Preßburg (Bratislava) mit 5:2 gegen die Slowakei gewonnen. Aufgrund des Kriegsverlaufs waren weitere Spiele nicht mehr möglich.

Helmut Schön, Stürmer des Dresdener SC, erzielte 1940 gegen Dänemark das einzige Tor des Spiels.

HEINRICH STUHLFAUTH ließ für seinen Verein, den damaligen Rekordmeister 1. FC Nürnberg, kaum ein Gegentor zu. Der Mann mit den riesigen Bratpfannen-Händen, der gefährliche Bälle gerne mit dem Fuß klärte, war Deutschlands erster Weltklasse-Keeper. Sein Nachfolger **HANS JAKOB** war bei den Fans fast genauso beliebt. Der Torhüter von Jahn Regensburg und der „Breslau-Elf" wurde zu einem großen Star, nachdem er sich gegen seinen Dauerkonkurrenten **WILLIBALD KREß,** den „schönen Willi" aus Frankfurt, durchgesetzt hatte. Als einer der besten deutschen Fußballer seiner Zeit galt der Mittelläufer **DR.**

HANS KALB vom 1. FC Nürnberg. Der schwergewichtige Mann, der von Beruf Zahnarzt war, überzeugte als souveräner Organisator und Ballverteiler. Bei den Schiedsrichtern war er gefürchtet, weil er sich gern laut beschwerte. **LUDWIG LEINBERGER,** Mittelfeldspieler und Kapitän, war in den 1920er Jahren einer von vielen Nationalspielern der SpVgg Fürth. Der Aachener **REINHOLD MÜNZENBERG** gab ab 1930 einen eisernen Stopper mit guter Technik. Der Düsseldorfer **PAUL JANES** wurde in der Vorkriegszeit zur Verteidiger-Legende. Seine 71 Länderspiel-Einsätze waren bis 1970 einsamer Rekord.

Zusammen mit Ernst Kuzorra zog der Filigrantechniker **FRITZ SZEPAN** beim FC Schalke 04, dem Serienmeister der 1930er Jahre, das berühmte Kreiselspiel auf. Auch in der Nationalelf sorgte er mit seinen millimetergenauen Flachpässen für eine bis dahin noch nicht gesehene Spielkultur. Auf den Läuferpositionen überzeugten ab Mitte der 1930er Jahre die beiden Schweinfurter **ALBIN KITZINGER** und **ANDREAS KUPFER.** Kitzinger zeichnete sich durch Dynamik und Spielübersicht aus, der kompromisslose Kupfer war ein gefürchteter Zerstörer.

Fritz Szepan (links) und Torhüter Willibald Kreß waren in den 1930er Jahren große Stars.

Deutsche Nationalspieler am Badestrand. Von links: Goldbrunner, Lehner, Hohmann, Jakob, Urban, Sold, Trainer Herberger. Liegend: Münzenberg.

EUGEN KIPP, listiger und trickreicher Stürmer von den Stuttgarter Sportfreunden, erzielte 1909 beim 1:0 gegen die Schweiz den ersten Siegtreffer für die Nationalelf. Vor dem Ersten Weltkrieg war er Rekordnationalspieler. Der treffsichere Torjäger **GOTTFRIED FUCHS** bildete zusammen mit **FRITZ FÖRDERER** und **JULIUS HIRSCH** beim damaligen Spitzenverein Karlsruher FV ein berühmtes Stürmer-Trio. Bei Altona 93 erwarb sich der ballgewandte **ADOLF JÄGER** den Ruf, einer der besten Angreifer des deutschen Fußballs zu sein. Der wuchtige Brecher **OTTO HARDER** begann seine Karriere in Braunschweig und wurde als

„Tull" beim Hamburger SV zum Starstürmer.
RICHARD HOFMANN, hochbegabter Straßenfußballer, dann Torjäger und „König" von Meerane 07 und dem Dresdner SC, schoss in 25 Einsätzen für den DFB sagenhafte 24 Tore. **OTTO SIFFLING** von Waldhof Mannheim galt als eines der größten deutschen Stürmertalente, war aber auch für seine Launen gefürchtet. Seinen größten Tag hatte er am 16. Mai 1937, als er in Breslau beim 8:0 gegen Dänemark fünf Tore erzielte. **EDMUND CONEN** aus dem Moselstädtchen Ürzig war ein intelligenter und ballsicherer Stürmer. Im Schnitt schoss er in fast jedem seiner 28 Länderspiele ein Tor. **ERNST LEHNER,** Rechtsaußen der legendären „Breslau-Elf", traf oft auch noch aus spitzem Winkel ins Netz. Der langjährige Rekordspieler (65 Einsätze) blieb seine gesamte Karriere dem durchschnittlichen Team von Schwaben Augsburg treu. Im Trikot des Dresdner SC wurde der spätere Herberger-Nachfolger **HELMUT SCHÖN,** genannt „der Lange", als eleganter Klassestürmer berühmt.

Adolf Jäger

Eugen Kipp, einer der besten Spieler der Vorkriegszeit, verlor im Ersten Weltkrieg ein Bein und musste seine Karriere beenden.

DAS „WUNDER VON BERN"

Die Nationalmannschaft 1946 – 1963

Weltmeister 1954
WM-Vierter 1958

Vor dem ersten Nachkriegsländerspiel am 22. November 1950 gegen die Schweiz: Die Mannschaftskapitäne Andreas Kupfer (links) und Alfred Bickel betreten das Spielfeld.

1949 Zwei deutsche Nationalmannschaften

Da das von den Nationalsozialisten beherrschte Deutschland 1942 aus dem Weltfußballverband FIFA ausgeschlossen worden war, gab es auch in den ersten Nachkriegsjahren noch keine Länderspiele. Nach der Gründung zweier neuer deutscher Staaten im Jahr 1949 – der Bundesrepublik Deutschland (BRD) und der Deutschen Demokratischen Republik (DDR) – existierten dann zwei deutsche Auswahlteams.

Die Nationalmannschaft der BRD trug am 22. November 1950 ihr erstes Länderspiel nach dem Krieg aus. Kurz zuvor war der DFB wieder in die FIFA aufgenommen worden. Die Elf von Sepp Herberger, der immer noch Trainer war, gewann in Stuttgart gegen die Schweiz

durch ein Tor von Herbert Burdenski mit 1:0. Als die BRD-Elf dann am 5. Oktober 1952 in Paris zu einem Freundschaftsspiel gegen Frankreich antrat, existierte bereits wieder ein reger Spielbetrieb. Dieses Spiel allerdings war das erste gegen einen der ehemaligen Kriegsgegner und daher besonders brisant. Das sehr defensiv auftretende deutsche Team verlor mit 1:3.

Qualifikation zur WM 1954

An der Qualifikation für die WM 1954 durften deutsche Teams endlich wieder teilnehmen. Während die DDR verzichtete, setzte sich die BRD-Auswahl in einer Gruppe mit Norwegen und dem damals selbstständigen – und von dem ehemaligen Nationalspieler Helmut Schön trainierten – Saarland mühelos durch. Nach einem 1:1-Auftakt in der norwegischen Hauptstadt Oslo wurden die restlichen drei Spiele mit insgesamt 11:2 Toren deutlich gewonnen.

In der Qualifikation zur WM 1954 musste Deutschland auch gegen das damals noch selbstständige Saarland antreten. Max Morlock (links) traf in beiden Spielen insgesamt viermal!

Bilder von links nach rechts:

Shakehands der Kapitäne Fritz Walter (links) und Ferenc Puskas vor dem Anpfiff.

So schlug der Ball zum 3:2 von Helmut Rahn ein.

Erschöpft, aber glücklich: die Weltmeister von 1954.

WM 1954 **Der Weg ins Endspiel**

Als haushoher WM-Favorit galten die Ungarn, die damals weltbeste Mannschaft. Seit 1950 waren sie in 32 Spielen ungeschlagen geblieben, unter anderem hatten sie die Engländer in London mit 6:3 besiegt. In der Vorrunde musste Herbergers Mannschaft gegen die Türkei und ausgerechnet diese Ungarn antreten. Einem 4:1 gegen die Türken folgte ein bitteres 3:8 gegen die Supermannschaft der Stunde. Der ungarische „Wundersturm" hatte den Deutschen die Bälle nur so um die Ohren gehauen.

Diese bis heute höchste Pflichtspielniederlage der Nationalelf war allerdings auch darauf zurückzuführen, dass Herberger nicht die bestmögliche Mannschaft aufgestellt hatte. Er wusste, dass die Qualifikation für das Viertelfinale erst in einem Entscheidungsspiel gegen die Türkei herbeigeführt wurde, die ebenfalls ein Spiel gewonnen hatte. Dieses Spiel gewann Deutschland überzeugend mit 7:2. Es folgte im Viertelfinale ein ungefährdeter 2:0-Sieg gegen Jugoslawien.

Nach einem grandiosen 6:1 gegen Österreich im Halbfinale stand Deutschland im Endspiel. Dort warteten am 4. Juli im Wankdorfstadion von Bern erneut die Ungarn, die auf dem Weg ins Finale Brasilien und Uruguay ausgeschaltet hatten.

Deutschland ist **Weltmeister!**

60.000 Zuschauer warteten gespannt auf den Anpfiff. Es regnete in Strömen. Das war das Wetter, wie es Fritz Walter liebte, der Kapitän und Spielmacher. Wie sein Bruder Ottmar, Werner Kohlmeyer, Werner Liebrich und Horst Eckel spielte er für den 1. FC Kaiserslautern. Sepp Herberger setzte auf ein

Die Weltmeister von 1954

SCHÄFER   F. WALTER   O. WALTER   MORLOCK   RAHN

MAI   LIEBRICH   ECKEL

KOHLMEYER   POSIPAL

TUREK

Fußball im Radio

Millionen von Hörern in ganz Deutschland zitterten mit dem Reporter Herbert Zimmermann, der das Endspiel live im Radio übertrug. Seine Kommentare sind berühmt geworden: „Turek, du bist ein Teufelskerl – Turek, du bist ein Fußballgott." „.... Schäfer nach innen geflankt – Kopfball – abgewehrt – aus dem Hintergrund müsste Rahn schießen – Rahn schießt! – Tooooor! Tooooor! Tooooor! Tooooor! ... Tor für Deutschland – Linksschuss von Rahn ..." „Drei zu zwei für Deutschland fünf Minuten vor dem Spielende. Halten Sie mich für verrückt, halten Sie mich für übergeschnappt ..." „Aus! Aus! Aus! – Aus! – Das Spiel ist aus! Deutschland ist Weltmeister! Schlägt Ungarn mit drei zu zwei Toren im Finale in Bern!"

eingespieltes Gerüst. Doch kaum war das Spiel angepfiffen, wirbelten die Ungarn alles durcheinander. Bereits nach acht (!) Minuten lagen Fritz Walter & Co. mit 0:2 zurück. Aber dann ging ein Ruck durch das Team. Durch Treffer von Max Morlock (10.) und Helmut Rahn (18.) schaffte die deutsche Mannschaft überraschend schnell Anschluss und Ausgleich.

Nach der Halbzeitpause kamen die Ungarn mit frischem Mut zurück. Sie wollten jetzt mit aller Macht das Spiel entscheiden. Torwart Toni Turek musste über sich hinauswachsen. Er hielt jeden Ball, der auf ihn zukam. Die Spannung stieg von Minute zu Minute. In der 84. Minute setzte sich schließlich auf dem linken Flügel Hans Schäfer durch. Er flankte nach innen, Helmut Rahn kam an den Ball und verwandelte zum 3:2. Nach einigen bangen Minuten konnten sich die deutschen Spieler dann freudestrahlend umarmen. Das „Wunder von Bern" war perfekt!

Die frischgebackenen Weltmeister fuhren nach dem Triumph in einem Sonderzug zurück nach Deutschland. Auf dem Weg nach München wurde das siegreiche Team auf allen Bahnhöfen begeistert gefeiert. Nach den vielen Entbehrungen der Nachkriegszeit hatten die Deutschen ihren Stolz wiedergefunden. Und der Jubel war nicht nur in Westdeutschland riesig. Auch in der DDR freuten sich die Menschen mit.

Die Weltmeister grüßen aus dem Sonderzug nach Deutschland. Von links: Berni Klodt, Max Morlock, Fritz Walter, Jupp Posipal, Horst Eckel.

WM 1958
Im Hexenkessel von Göteborg

Juskowiak nach seinem Platzverweis.

In den Jahren nach dem WM-Triumph konnte die Nationalmannschaft nur noch selten überzeugen. Es gab zahlreiche Niederlagen, nicht nur gegen große Nationen wie Frankreich, England, Italien und die Sowjetunion, sondern sogar gegen kleine Länder wie Belgien, Irland und die Schweiz. Trainer Herberger konnte froh sein, dass sich seine Mannschaft für die WM 1958 in Schweden als Titelverteidiger nicht qualifizieren musste.

Mit zwei 2:2-Unentschieden gegen die Tschechoslowakei und Nordirland, einem 3:1-Sieg gegen Argentinien sowie einem knappen 1:0-Erfolg gegen Jugoslawien gelangte die deutsche Elf ins WM-Halbfinale gegen den Gastgeber Schweden. Herbergers Auswahl trat in Göteborg zunächst überzeugend auf, Hans Schäfer sorgte für eine frühe Führung. Auch nach dem Ausgleich sah alles noch gut aus. In der zweiten Halbzeit jedoch kippte das Spiel, als die von ihrem Heimpublikum lautstark angefeuerten Schweden immer härter einstiegen.

Erich Juskowiak ließ sich zu einem Revanchefoul hinreißen und flog in der 59. Minute vom Platz. Da der angeschlagene Fritz Walter nicht mehr bei vollen Kräften war – Auswechslungen gab es damals noch nicht –, hatten die Deutschen kaum mehr eine Chance. Durch zwei Treffer in den letzten zehn Minuten entschieden die Gastgeber das Spiel für sich. Anschließend ging auch noch das Spiel um den 3. Platz gegen Frankreich mit 3:6 verloren. Weltmeister wurden die Brasilianer mit ihrem jungen Superstar Pelé. Sie fegten Schweden mit 5:2 vom Platz.

Ein Einpeitscher sorgt im Hexenkessel von Göteborg für Stimmung.

Frühes WM-Aus
1962 in Chile

Vier Jahre nach dem Drama von Göteborg fand die WM in Chile statt. Mit vier Siegen gegen Nordirland und Griechenland verlief die Qualifikation reibungslos. Unruhe gab es erst unmittelbar vor dem Start des Turniers, als Sepp Herberger den erfahrenen Stammtorwart Hans Tilkowski durch den Nachwuchskeeper Wolfgang Fahrian ersetzte. Der neue Mann überzeugte. Weniger toll waren die Leistungen der Feldspieler. Ihre Taktik bestand vor allem darin, den Spielaufbau des Gegners zu zerstören. Heraus kamen ein 0:0 gegen Italien und zwei mühevolle Siege gegen die Schweiz (2:1) und Chile (2:0). Im Viertelfinale gegen Jugoslawien hielt der deutsche Abwehrriegel bis zur 85. Minute. Erst dann musste der überragende Torwart Fahrian einen unhaltbaren Schuss passieren lassen. Deutschland war ausgeschieden.

1963 Sepp Herberger dankt ab

Nach der Weltmeisterschaft wurde Bundestrainer Herberger scharf kritisiert. Er habe die Mannschaft viel zu defensiv spielen lassen, hieß es. Außerdem wurde sein Festhalten am starren W-M-System bemängelt. Andere Nationen wie etwa Brasilien spielten bereits 1958 ein 4-2-4-System, in dem sich die Spieler wesentlich flexibler bewegen konnten. Sepp Herberger schied schließlich 1964 aus dem Amt.

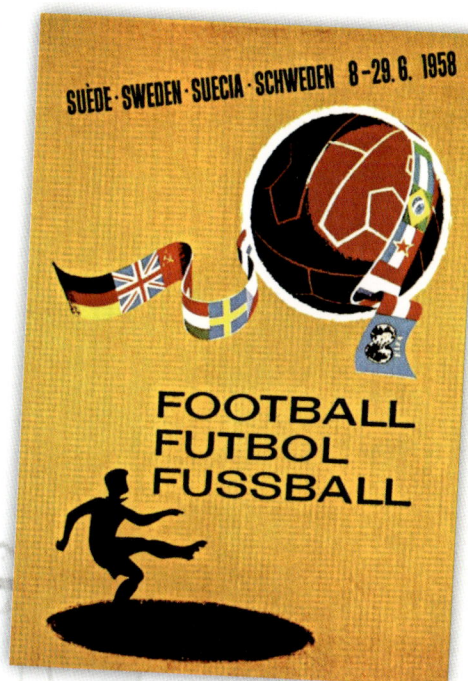

Plakat zur WM 1958 in Schweden.

Länderspiel-Premieren
Das 3:1 gegen Argentinien bei der WM 1958 war der erste Sieg einer deutschen Auswahl gegen eine außereuropäische Mannschaft. Im Dezember 1958 folgte der erste Auftritt außerhalb Europas. In Kairo verlor die Nationalelf mit 1:2 gegen Ägypten.

Torwart Wolfgang Fahrian – hier beim 2:0 gegen Chile – war bei der WM 1962 nahezu der Einzige, der überzeugte.

DIE STARS
1946 – 1963

Die „Helden von Bern", die 1954 den WM-Titel gewannen, sind heute Legenden. Im Tor stand **TONI TUREK,** der von Reporter Zimmermann zum „Fußballgott" erhoben wurde. Das Finale war der einsame Höhepunkt in der Karriere des Keepers von Fortuna Düsseldorf, der weder zuvor noch danach ähnliche Großtaten vollbrachte.

Der Kapitän, Antreiber, Pass- und Ideengeber **FRITZ WALTER** war der einzige wirkliche Weltklassespieler im deutschen Team. Der technisch brillante Mittelfeldspieler wurde auf halblinks eingesetzt. Er lenkte als verlängerter Arm des Bundestrainers Sepp Herberger die Angriffe seiner Mannschaft mit großem taktischem Verständnis. **OTTMAR WALTER,** der jüngere Bruder von Fritz, verwirrte die Ungarn im Endspiel mit ständigen Positionswechseln und riss dadurch immer wieder Lücken in ihre Abwehr. Beide Walter-Brüder schnürten ihre Fußballschuhe für die „Roten Teufel" des 1. FC Kaiserslautern. Die drei weiteren Weltmeister aus Lautern waren der auf der linken Abwehrseite rackernde **WERNER KOHLMEYER,** der im Endspiel mehrmals für den bereits geschlagenen Turek auf der Linie rettete, der konsequent und beinhart dazwischengrätschende Stopper **WERNER**

Max Morlock im WM-Finale 1954.

„WIR SIND DIE LETZTEN HELDEN DES 20. JAHRHUNDERTS. NACH UNS KOMMEN NUR NOCH SPIELER AUS KUNSTSTOFF."
Horst Szymaniak

LIEBRICH sowie der hagere Dauerläufer **HORST ECKEL**, mit 22 Jahren damals das Küken im Team.

Fünf weitere Spieler komplettierten das Weltmeister-Team von 1954: Der international anerkannte Rechtsverteidiger **JUPP POSIPAL** war beim Hamburger SV ein Star. Auf den linken Läufer **KARL MAI** von der Spielvereinigung aus Fürth war immer Verlass. Auf halbrechts kombinierte fleißig der Nürnberger **MAX MORLOCK**. Er war bester Torjäger der Oberliga Süd und auch bei der WM mit sechs Treffern torgefährlichster deutscher Spieler. Rechtsaußen **HELMUT RAHN** von Rot-Weiss Essen war ein Vollblutstürmer und wurde von allen nur „Boss" genannt. Wegen seiner dynamischen Alleingänge und seinem präzisen Schuss war er allseits gefürchtet. Auf linksaußen überzeugte mit unermüdlichem Einsatzwillen **HANS SCHÄFER** vom 1. FC Köln.

Fritz Walter, der nach dem „Wunder von Bern" auch als Werbefigur und Buchautor Erfolg hatte, war wie Eckel, Rahn und Schäfer auch vier Jahre später bei der WM in Schweden noch mit dabei. Im Tor stand nun **FRITZ HERKENRATH**, ein Essener Lehrer, der wegen seiner schönen Flugparaden den Ehrennamen „fliegender Schulmeister" erhielt. **ERTL ERHARDT,** knorriger Stopper der SpVgg Fürth, stand schon 1954 im deutschen WM-Kader. Als er 1963 abdankte, war er mit 50 Einsätzen Nachkriegs-Rekordnationalspieler. Auch der eisenharte Düsseldorfer Verteidiger **ERICH JUSKOWIAK**, wegen seiner Schussstärke als „Hammer" gerühmt, hatte viele Jahre einen festen Platz in der Herberger-Auswahl. **HORST SZYMANIAK** stieg 1956 als linker Läufer des Wuppertaler SV zum Nationalspieler auf. „Schimmi", ein auch kämpferisch überzeugender Techniker, zählte ein Jahrzehnt lang zum Stamm der DFB-Elf.

Hans Schäfer

Fritz Herkenrath

Vollblutstürmer Helmut Rahn bei der WM 1958 in Schweden.

Kapitän für Deutschland: der unvergessliche Fritz Walter.

DIE GOLDENE GENERATION

Die Nationalmannschaft 1964 – 1978

Vize-Weltmeister 1966

Europameister 1972

Weltmeister 1974

Vize-Europameister 1976

WM 1966 Im Mutterland des Fußballs

In ihre bis heute erfolgreichste Ära startete die Nationalmannschaft mit dem ehemaligen Herberger-Assistenten Helmut Schön als neuem Bundestrainer und bereits bewährten Spielern, die Ende der 1950er Jahre ihr Debüt in der Nationalmannschaft gegeben hatten: Hans Tilkowski, Karl-Heinz Schnellinger, Uwe Seeler und Helmut Haller. Für die WM 1966 in England qualifizierte sich ein spielerisch klar verbessertes deutsches Team mühelos.

Beim WM-Turnier selbst strahlte dann erstmals der Stern des jungen Franz Beckenbauer. In der Gruppe B belegte Deutschland mit zwei Siegen – 5:0 gegen die Schweiz und 2:1 gegen Spanien – sowie einem 0:0-Unentschieden gegen die harten Argentinier den 1. Platz. Im Viertelfinale folgte ein klares 4:0 gegen Uruguay. Nachdem das Schön-Team auch noch die damals sehr starke Sowjetunion im Halbfinale mit 2:1 ausgeschaltet hatte, schien der Titel greifbar nah. Jetzt musste, im Mutterland des Fußballs, noch der Gastgeber geschlagen werden. Das schien machbar. Denn die Engländer hatten das Finale nur durch recht glückliche Siege erreicht. Bei ihrem 1:0-Sieg gegen Argentinien im Viertelfinale hatte ausgerechnet der deutsche Schiedsrichter Rudolf Kreitlein bereits nach 30 Minuten einen Argentinier vom Platz gestellt.

Ball

Emmerich

Im Vorrundenspiel gegen Spanien traf Lothar Emmerich aus schier unmöglichem Winkel zum 1:1. Er schoss den Ball fast von der Torlinie aus über den spanischen Torhüter Iribar hinweg ins lange Eck.

Deutsche Fans bei der WM 1966 in England.

Plakat zur WM 1966 in England.

*Das fragwürdige 3:2 der Engländer.
War der Ball hinter der Linie oder nicht?*

Nicht drin!
Nach den Fußballregeln muss dann ein Tor gegeben werden, wenn der Ball die Torlinie in vollem Umfang überschritten hat. Bitter im Nachhinein: Das „Wembley-Tor" zum 3:2 der Engländer war tatsächlich nicht drin. Mehrere Studien haben inzwischen bewiesen, dass der Ball weder in der Luft noch am Boden vollständig hinter der Torlinie war.

*Programm zum
WM-Finale 1966
in London.*

WM-Finale **1966**
Das „Wembley-Tor"

Das Endspiel gegen die Auswahl der „Three Lions" im ehrwürdigen Wembley-Stadion von London war an Dramatik kaum zu überbieten. Das Mittelfeld-Ass Helmut Haller brachte Deutschland früh in Führung, Geoff Hurst glich wenig später aus. Dann wogte das Spiel hin und her. Als Martin Peters in der 78. Minute zum 2:1 für die Engländer traf, schien alles verloren. Doch die Deutschen stürmten weiter, und tatsächlich schaffte Wolfgang Weber kurz vor dem Abpfiff den Ausgleich.

In der Verlängerung hatte Deutschlands wuchtiger Mittelstürmer Uwe Seeler die Führung auf dem Fuß, ließ die Chance jedoch aus. Im Gegenzug kam Hurst an der Strafraumgrenze an den Ball und zog ab. Das Leder krachte an die Latte, prallte von dort scharf nach unten und sprang von der Torlinie wieder ins Spielfeld zurück. Der Schweizer Schiedsrichter Gottfried Dienst, der zunächst weiterspielen lassen wollte, befragte nach Protesten der Engländer seinen Linienrichter Tofik Bachramow. Der Mann aus Aserbaidschan hatte ein Tor gesehen und stimmte den Schiedsrichter um: 3:2 für England. Die Deutschen mühten sich noch einmal um den Ausgleich, doch in der 120. Minute erzielte erneut Hurst nach einem Konter das 4:2. Kurz danach erfolgte der Abpfiff. England war erstmals Weltmeister, die deutschen Spieler schlichen geknickt vom Platz.

1967 *Die Blamage von Tirana*

Nach der WM wollte Deutschland erstmals an einer Fußball-Europameisterschaft teilnehmen. Für die ersten Turniere 1960 und 1964 – damals noch unter dem Namen „Europapokal der Nationen" – hatte der DFB nicht gemeldet. Am 17. Dezember 1967 musste im letzten Spiel der Qualifikationsgruppe 4 gegen den Fußballzwerg Albanien ein Sieg her, um die in der Tabelle führenden Jugoslawen noch zu überholen. Die Bundesliga-Stars zeigten auf einem holprigen Platz ein miserables Spiel und schafften nur ein peinliches 0:0. Bundestrainer Helmut Schön bezeichnete dieses blamable Aus als „schwärzesten Tag" seiner Karriere.

WM 1970 Das „Jahrhundertspiel" gegen Italien

Bei der WM 1970 in Mexiko setzte sich Deutschland in seiner Gruppe mit drei Siegen gegen Marokko, Bulgarien und Peru durch. In einem dramatischen Viertelfinale gegen England gelang nach einem 0:2-Rückstand noch ein 3:2 und damit die Revanche für die Endspielniederlage von 1966.

Im Halbfinale am 17. Juni 1970 ging es in der glühenden Hitze des Aztekenstadions von Mexiko-Stadt gegen die Italiener. Die trafen bereits in der 7. Minute zur Führung. Während die Deutschen daraufhin pausenlos das italienische Tor berannten, wehrten sich die „Azzurri" mit groben Mitteln. Franz Beckenbauer wurde an der Schulter verletzt und musste mit einer Armschlinge weiterspielen, da Helmut Schön bereits zweimal gewechselt hatte. Drei Auswechslungen waren damals noch nicht erlaubt.

Erst in der letzten Spielminute gelang endlich der Ausgleich, als der Abwehrspieler Karl-Heinz Schnellinger nach einer Flanke von Jürgen Grabowski traf. Die bereits völlig erschöpften Spieler lieferten sich in der Verlängerung einen atemberaubenden Schlagabtausch: 2:1 Gerd Müller (95.), 2:2 Burgnich (98.), 2:3 Riva (103.), 3:3 Müller (110.), 3:4 Rivera (112.). Die deutsche Elf hatte eines der dramatischsten Spiele der Fußballgeschichte verloren. Noch heute erinnert eine Tafel am Aztekenstadion an dieses „Jahrhundertspiel", wie es später genannt wurde. Niedergeschlagen, aber dennoch stolz verließen die deutschen Spieler unter dem Applaus der Zuschauer den Platz. Einen kleinen Trost fanden sie wenige Tage später, als sie sich mit einem 1:0-Sieg gegen Uruguay den dritten Platz sicherten. Im Finale verloren die ausgepowerten Italiener klar mit 1:4 gegen Brasilien.

Fußball im Fernsehen
Das Turnier von 1970 in Mexiko war die erste „Fernseh-WM" mit Millionen von Zuschauern. Zudem gab es im Fernsehen erstmals Fußball in Farbe. Und weil die meisten Menschen in Europa vor der Glotze saßen, wurden die Spiele in Mexiko wegen der Zeitverschiebung bereits zur Mittagszeit angesetzt. Auch deswegen mussten die Spieler regelrechte Hitzeschlachten durchstehen.

In der Schlussminute des „Jahrhundertspiels" gegen Italien erzielte ausgerechnet der in Italien spielende Karl-Heinz Schnellinger den Ausgleich zum 1:1. Es war sein einziges Länderspieltor für Deutschland.

EM 1972 Die beste deutsche Elf aller Zeiten

EM-Viertelfinale gegen England: Uli Hoeneß (Mitte) vollführt Freudensprünge nach seinem Treffer zum 1:0.

In der Qualifikation zur EM 1972 traf das deutsche Team erneut auf Albanien. Doch diesmal gelangen gegen den unbequemen Außenseiter zwei Siege. Auch die Türkei und Polen stellten kein Hindernis dar. Letzte Hürde vor der EM-Endrunde in Belgien war nur noch das Viertelfinale gegen England in London. Es wurde eine legendäre Begegnung.

Uli Hoeneß erzielte die 1:0-Führung, danach berannten die Engländer das Tor von Sepp Maier. In der 77. Minute fiel der Ausgleich. Einige Minuten später wurde Sigfried Held im Strafraum gefoult: Günter Netzer verwandelte den Elfmeter zur Führung. Drei Minuten später dann das 3:1 durch Gerd Müller. Es war ein historischer Triumph: Erstmals hatte ein deutsches Team im Mutterland des Fußballs gewonnen! Selbst englische Journalisten, die deutsche Spieler bis dahin meist als tumbe „Panzer" dargestellt hatten, waren vom feinen Spiel der deutschen Elf begeistert.

Ein 0:0 im Rückspiel sicherte die Teilnahme an der Endrunde, die damals mit nur vier Teams durchgeführt wurde.

Nach einem 2:1 gegen Gastgeber Belgien bezwang Deutschland im Finale von Brüssel die Sowjetunion mühelos mit 3:0. Zweimal Gerd Müller sowie Herbert Wimmer krönten mit ihren Toren eine überlegene spielerische Leistung. Diese Mannschaft von 1972 wurde von den Experten als „beste deutsche Mannschaft aller Zeiten" bezeichnet. Angeführt von den genialen Technikern Franz Beckenbauer und Günter Netzer, die sich im Spielaufbau abwechselten, demonstrierte sie leichtfüßige Fußballkunst vom Feinsten. So etwas hatte man nie zuvor von deutschen Fußballern gesehen.

Regisseur Günter Netzer (rechts) auf dem Weg zum Europameistertitel 1972.

Die Europameister von 1972

E. KREMERS — MÜLLER — HEYNCKES
WIMMER — NETZER — HOENESS
BREITNER — SCHWARZENBECK — BECKENBAUER — HÖTTGES
MAIER

Deutschland ist Europameister! Nach dem Abpfiff gibt es für die Fans kein Halten mehr.

WM 1974 Das deutsch-deutsche Duell

Für die WM 1974 in Deutschland musste sich Helmut Schöns Team als Gastgeber nicht qualifizieren. Nach der geradezu künstlerischen Eroberung des EM-Titels zwei Jahre zuvor startete es natürlich als einer der Favoriten ins Turnier. Auf dem Platz waren aber zunächst nur sehr mäßige Leistungen zu sehen. Einem knappen 1:0 gegen Chile folgte ein 3:0 gegen zweitklassige Australier. Dann kam es zum ersten deutschen-deutschen Duell überhaupt. Gegen die als krasser Außenseiter geltenden DDR-Amateure, die erstmals bei einer WM dabei waren, machten die BRD-Profis kaum einen Stich. Die „Ossis" dominierten gegen die „Wessis" über-

raschend klar. In der 80. Minute kam dann der Auftritt von Jürgen Sparwasser, der kurz vor der WM den Europapokal der Pokalsieger mit dem 1. FC Magdeburg gewonnen hatte. Der (Ost-) Stürmer ließ seinen Bewacher Horst-Dieter Höttges schlecht aussehen und überwand Sepp Maier im (West-)Tor. 1:0 für die DDR gegen den Europameister BRD! Bei diesem nicht unverdienten Ergebnis blieb es bis zum Schlusspfiff. Die Stars um Beckenbauer & Co. hatten sich gehörig blamiert.

Die Überraschung ist perfekt: Die DDR-Spieler jubeln nach dem 1:0-Sieg gegen die BRD im Hamburger Volksparkstadion.

Bei den Weltmeister-
schaften 1974 und
1978 gab es in der
Vorrunde vier Vierer-
gruppen. Die Grup-
pensieger und -zweiten
zogen in die zweite
Finalrunde ein. Dort
wurde in zwei Vierer-
gruppen gespielt. Die
beiden Gruppensieger
bestritten das Finale,
und die beiden Grup-
penzweiten spielten
um den 3. Platz.
1982 gab es eine
zweite Runde mit vier
Gruppen, deren Sieger
ins Halbfinale kamen.
Ab 1986 wurde nach
der Vorrunde im K.-o.-
System gespielt. Seit
1998 wird das WM-Tur-
nier mit 32 Mann-
schaften durchgeführt.
Für das Achtelfinale
qualifizieren sich die
acht Gruppensieger
und -zweiten der
Vorrunde.

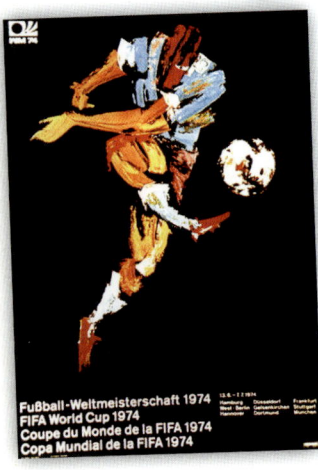

*Plakat zur WM 1974
in Deutschland.*

WM 1974 Die „Wasserschlacht von Frankfurt"

Die Niederlage gegen die DDR hatte für die Mannschaft der BRD aber auch etwas Gutes. Als Gruppenzweiter erwischte sie die leichtere Zwischenrunden-Gruppe B. Die DDR hingegen verlor in der Gruppe A gegen die starken Teams aus Brasilien und den Niederlanden und hatte mit der Vergabe des Titels nichts mehr zu tun.

In der Gruppe B überzeugte die neu motivierte deutsche Mannschaft mit zwei klaren Siegen gegen Jugoslawien (2:0) und Schweden (4:2). Nun musste im dritten Spiel nur noch Polen besiegt werden, um den Einzug ins Finale perfekt zu machen. Keine leichte Aufgabe, denn die Polen hatten bis dahin traumhaften Fußball geboten. In diesem entscheidenden Spiel allerdings konnten die polnischen Stars ihr technisch anspruchsvolles Flachpassspiel nicht aufziehen. Denn nach einem wolkenbruchartigen Regenguss glich der Platz in Frankfurt einer Seenlandschaft. Nachdem auch der Einsatz von Feuerwehr und Helfern mit Schneeschnippen keine Verbesserung bewirkt hatte, wurde das Spiel unter eigentlich irregulären Bedingungen angepfiffen. Die deutsche Elf hatte zuerst Pech – Uli Hoeneß verschoss einen Elfmeter – und dann Glück: In der 76. Minute gelang Gerd Müller der einzige Treffer des Spiels.

Weltmeister in München

Im Finale vor 78.000 Zuschauern im Olympiastadion von München galten die technisch und taktisch brillanten Niederländer, die in der Zwischenrunde Argentinien, der DDR und Brasilien keine Chance gelassen hatten, als Favoriten. Gleich in der 1. Minute ein Schock für die deutschen Fans: Der niederländische Spielmacher Johan Cruyff war in den deutschen Strafraum eingedrungen und dort von Uli Hoeneß zu Fall gebracht worden. Elfmeter! Der bullige Johan Neeskens drosch den Ball ins Netz.

Danach aber bekamen Beckenbauer & Co. ihren Gegner allmählich in den Griff. Dem bissigen Berti Vogts ge-

Schon vor dem Spiel gegen Polen lieferten sich Feuerwehr und Helfer eine wahre Wasserschlacht mit dem Platz.

Die Weltmeister von 1974

HÖLZENBEIN   MÜLLER   GRABOWSKI

OVERATH   BONHOF   HOENESS

BREITNER   SCHWARZENBECK   BECKENBAUER   VOGTS

MAIER

lang es immer besser, den genialen Spielmacher Johan Cruyff auszuschalten. Und sie kamen nun auch selbst gefährlicher nach vorne. Als ein Solo von Bernd Hölzenbein im niederländischen Strafraum gestoppt wurde, zeigte der englische Schiedsrichter Taylor erneut auf den Elfmeterpunkt. Paul Breitner, der eigentlich gar nicht als Schütze vorgesehen war, verwandelte eiskalt. Kurz vor der Halbzeit dann ein weiterer Angriff: Rainer Bonhof setzte sich rechtsaußen durch und gab flach in die Mitte. Dort stand Gerd Müller. Annahme, Drehung, Schuss, Tor – und es stand 2:1.

In der zweiten Halbzeit stürmten die „Oranjes" wie entfesselt und nahmen das deutsche Tor unter Dauerbeschuss. Zu Entlastungsangriffen kam es kaum noch, das Tor der Niederländer war praktisch nicht mehr in Gefahr. Doch mit einer Portion Glück und einem überragenden Torwart Sepp Maier rettete das deutsche Team das Ergebnis über die Zeit. Die deutsche Elf war zwar spielerisch unterlegen gewesen, hatte aber kämpferisch absolut überzeugt und somit auch verdient gewonnen. Deutschland durfte zum zweiten Mal die Weltmeister-Trophäe in Empfang nehmen!

Finale 1974: Müller hat zum 2:1 abgezogen – und Deutschland ist Weltmeister!

WM-Prämien
Für den Gewinn des WM-Titels erhielten die Spieler, die hartnäckig um eine hohe Prämie gekämpft hatten, 35.000 Euro und ein VW-Cabrio. Das war eine wesentliche Steigerung gegenüber 1954, als es 1.250 Euro sowie einen Fernseher und andere Kleinigkeiten für jeden Spieler gegeben hatte. Bis 2006 steigerte sich die Titelprämie, die immer vor den Turnieren vom DFB ausgelobt wurde, auf 300.000 Euro.

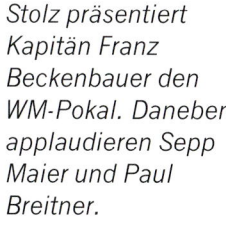

Stolz präsentiert Kapitän Franz Beckenbauer den WM-Pokal. Daneben applaudieren Sepp Maier und Paul Breitner.

Buenos días, Argentina

Zum zweiten Mal nach 1974, als Jack White mit den Spielern das Lied „Fußball ist unser Leben" eingeübt hatte, gab es zur Weltmeisterschaft ein deutsches WM-Lied. Unter der Anleitung von Udo Jürgens sangen Vogts & Co. „Buenos días, Argentina". Auch bei den folgenden WM-Liedern sollte es dann immer um die Gastgeberländer gehen.

EM 1976 Die „Nacht von Belgrad"

So sieht Verzweiflung aus: Uli Hoeneß nach seinem verschossenen Elfmeter.

Nach dem WM-Sieg von 1974 beendeten Gerd Müller, Wolfgang Overath und vorübergehend auch Paul Breitner ihre Karriere als Nationalspieler. Doch auch ohne diese Spitzenspieler qualifizierte sich das Team von Bundestrainer Schön ohne größere Mühen für die EM-Endrunde von 1976 in Jugoslawien. Gegen leichte Gegner – Griechenland, Bulgarien und Malta – kam man ohne Niederlage ins Viertelfinale gegen Spanien, das mit 1:1 und 2:0 ausgeschaltet wurde. Erst im Halbfinale gegen Jugoslawien wurde es eng. Nach 0:2-Rückstand sorgten Heinz Flohe und Dieter Müller – dieser mit seinem ersten Ballkontakt in seinem ersten Länderspiel! – für den 2:2-Ausgleich und damit die Verlängerung. Dort zeigte sich der „neue Müller" als Toptorjäger. Er erzielte zwei weitere Treffer zum Endstand von 4:2.

Im Finale gegen die Tschechoslowakei musste die DFB-Elf erneut einem 0:2-Rückstand hinterherlaufen. Dann war wieder Dieter Müller erfolgreich, und in der allerletzten Spielminute gelang Bernd Hölzenbein der Ausgleich. Da die Verlängerung torlos verlief, musste erstmals bei einem großen Turnier ein Elfmeterschießen entscheiden. Die Tschechoslowaken legten vor, die Deutschen zogen nach. So blieb es bis zum siebten Elfmeter. Beim Stand von 3:4 trat Uli Hoeneß an. Er geriet beim Schuss in Rücklage, und der Ball stieg in den Nachthimmel von Belgrad. Anschließend schlenzte Antonin Panenka den Ball frech mitten ins Tor – die Tschechoslowakei war Europameister!

EM-Halbfinale gegen Jugoslawien: Beim 4:2 erzielte der Kölner Dieter Müller drei Treffer. Hier trifft er per Kopf zum 2:2.

WM 1978
Die „Schmach von Córdoba"

Als amtierender Weltmeister musste sich Deutschland für die WM 1978 in Argentinien nicht qualifizieren. Beim Turnier selbst überstand die Schön-Truppe die Vorrunde mit zwei Unentschieden gegen Polen und Tunesien sowie einem Sieg gegen Mexiko. In der Zwischenrunde stand sie nach zwei Unentschieden gegen Italien und die Niederlande mit 2:2 Punkten auf Platz 3 in ihrer Gruppe. Da nur der Gruppensieger in das WM-Finale einzog, war die Ausgangslage vor dem letzten Spiel schwierig: Italien und die Niederlande (je 3:1 Punkte) mussten unentschieden spielen, damit sich die deutsche Auswahl mit einem Sieg in Córdoba gegen die noch punktlosen Österreicher die Finalteilnahme sichern konnte. In der 19. Minute erzielte Karl-Heinz Rummenigge das 1:0. Nach der Halbzeitpause kamen die Österreicher durch ein Eigentor von Berti Vogts zum Ausgleich. Ein Treffer von Hans Krankl brachte den Außenseiter sogar in Führung. Bernd Hölzenbein traf in der 72. Minute zum 2:2. Deutschland drängte nun auf den Sieg, doch es war erneut Hans Krankl, der zwei Minuten vor dem Abpfiff ein Tor erzielte. Als Rüdiger Abramczik die letzte Chance zum Ausgleich vergab, stand die schmachvolle Niederlage gegen den krassen Außenseiter fest. Allerdings hätte auch ein Sieg nicht zur Finalteilnahme gereicht, da die Niederländer gegen Italien mit 2:1 gewonnen hatten. Diese verloren dann im Endspiel gegen den Gastgeber Argentinien mit 1:3. Bundestrainer Helmut Schön trat nach der WM von seinem Posten zurück. Das war allerdings keine Reaktion auf die bittere Niederlage gegen Österreich. Er hatte das Ende seiner Karriere schon lange zuvor angekündigt.

Plakat zur WM 1978 in Argentinien.

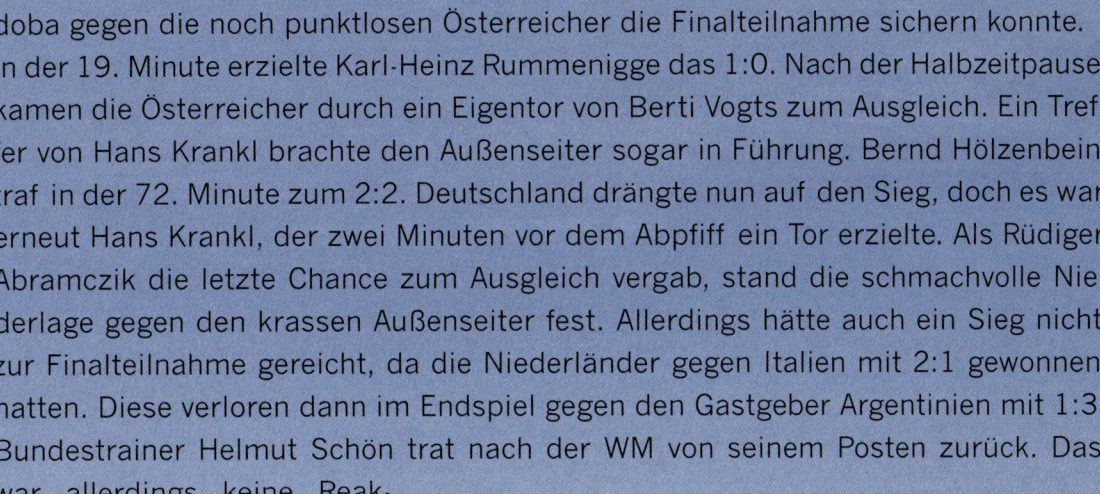

Weder Rolf Rüssmann (links) noch Sepp Maier (am Boden) oder Bernard Dietz können die Schmach von Córdoba verhindern: Hans Krankl (rechts) erzielt das 3:2 für Österreich.

DIE STARS
1964 – 1978

Keine Schuhe
Willi Schulz saß bei der WM 1970 bis zuletzt nur auf der Ersatzbank und war entsprechend unzufrieden. Als er erfuhr, dass er beim Spiel um den 3. Platz in der zweiten Halbzeit zum Einsatz kommen sollte, hatte er keine Lust mehr. In der Kabine sagte er zu Bundestrainer Schön, dass er seine Schuhe vergessen habe und deswegen nicht spielen könne. Willi Schulz durfte nie mehr das Nationaltrikot tragen.

Deutschland hatte 1966 und 1970 tolle Teams, auch wenn ihnen kein Titelgewinn gelang. Die langjährige Nummer 1 im Tor, **HANS TILKOWSKI** von Borussia Dortmund, war ein zuverlässiger Meister seines Fachs. Der HSV-Abwehrchef **WILLI SCHULZ** kickte bei der WM 1966 derart überragend, dass er in Anspielung auf das damalige WM-Maskottchen den Spitznamen „World-Cup-Willi" erhielt. Der blonde Verteidiger **KARL-HEINZ SCHNELLINGER** spielte in Italien beim AC Mailand und nahm an vier Weltmeisterschaften teil (1958 – 1970). Das Mittelfeld-Ass **HELMUT HALLER,** ebenfalls blond und ebenfalls in Italien unter Vertrag, zeigte bei der WM in England seine überragende Technik. Der nimmermüde Mittelstürmer **UWE SEELER** war in Hamburg ein Idol und in der Nationalelf viele Jahre unverzichtbar.

Gegen Ende seiner Karriere bildete er 1970 bei der WM in Mexiko ein gefährliches Duo mit Gerd Müller. Berühmt wurde sein kurioser Hinterkopf-Treffer gegen England bei diesem Turnier.
Zu noch größeren Helden wurden aber die Europa- und Weltmeister von 1972 und 1974. Der geschmeidige Ballfänger **SEPP MAIER,** seit 1962 beim FC Bayern im Tor, überzeugte als Weltklasse-Torhüter bei vier Weltmeisterschaften. Gleichzeitig war er aber auch ein ausgesprochener Witzbold und hätte wohl auch als Clown Karriere machen können. In seinen zwölf Jahren bei den Bayern und in über 100 Länderspielen gewann **FRANZ BECKENBAUER** jeden Titel, den ein Fußballer erringen kann. Weil der Libero wegen seiner ausgezeichneten Balltechnik immer elegant und ganz unangestrengt aussah, wurde er

Immer für einen Spaß zu haben: Torwart Sepp Maier.

Auf der Mauer, auf der Lauer: Helmut Haller, Co-Trainer Dettmar Cramer, Uwe Seeler und Horst-Dieter Höttges.

bald ehrfürchtig als „Kaiser" bezeichnet. Der kantige Bayern-Vorstopper **GEORG SCHWARZENBECK** hat als Beckenbauer-Helfer Karriere gemacht: Wenn der Libero nach vorne ging, dann sicherte ihn der immer zuverlässige „Katsche" nach hinten ab. Der Bremer **HORST-DIETER HÖTTGES** erwarb sich in den 1960er Jahren einen furchterregenden Ruf als „Eisenfuß". Borussia Mönchengladbachs kleiner Verteidiger **BERTI VOGTS** wurde „Terrier" genannt, weil er sich in jedem seiner Spiele in den Gegner verbiss. Bei den Bayern in München machte der Außenverteidiger **PAUL BREITNER** nicht nur sportlich auf sich aufmerksam, sondern auch mit seinem Afro-Look sowie mit forschen Sprüchen. Bei der WM 1982 sollte er dann der unumstrittene Chef werden – sowohl als Wortführer wie als Dirigent im Mittelfeld.

GÜNTER NETZER, der ballgewandte Regisseur von Borussia Mönchengladbach, dirigierte die Nationalelf zum EM-Titel von 1972. Sowohl im Verein als auch im DFB-Dress wurde er unterstützt von dem fleißigen Dauerläufer **HERBERT WIMMER.** Bei der WM 1974 kam der Supertechniker **WOLFGANG OVERATH,** Spielmacher des 1. FC Köln, für Netzer ins Spiel. An seiner Seite spielten der dynamische Gladbacher Mittelfeldspieler **RAINER BONHOF** sowie der sprintstarke **ULI HOENEß.** Zwei weitere Kölner, der defensive **BERND CULLMANN** und der offensive **HEINZ FLOHE,** bewährten sich als Alternativen für das Mittelfeld.

Der unvergleichliche Torjäger **GERD MÜLLER** konnte sich mit seinen kurzen, kräftigen Beinen im Strafraum so schnell bewegen wie

Paul Breitner

Hans Tilkowski

kein anderer. Er traf so oft, dass seine Art des Toreschießens bald „müllern" hieß. Die Bilanz des WM-Torschützenkönigs von 1970 (10 Treffer) in der Nationalmannschaft ist phänomenal: In 62 Spielen erzielte er 68 Tore! **JUPP HEYNCKES,** die große Stürmerlegende von Borussia Mönchengladbach, überzeugte bei der EM 1972 als Rechtsaußen. An seiner Stelle stürmte im WM-Finale von 1974 der dribbelstarke **JÜRGEN GRABOWSKI** von Eintracht Frankfurt. Ebenfalls in Frankfurt unter Vertrag stand damals der Linksaußen, der schlitzohrige **BERND HÖLZENBEIN.** Er hatte den flinken Schalker **ERWIN KREMERS** beerbt, der zwei Jahre zuvor das EM-Finale bestritten hatte.

Libero
Früher hieß der letzte Mann in der Abwehrkette „Stopper" oder „Ausputzer". Er verließ seine Abwehrposition nie und hatte die Aufgabe, gefährliche Situationen durch Wegschlagen des Balles zu bereinigen. An seine Stelle trat mit Franz Beckenbauer der „freie Mann", der „Libero". Der erfüllte nicht nur Abwehraufgaben, sondern schaltete sich bei Ballbesitz spielgestaltend in den Angriff ein. Während er bei der WM 1966 noch im Mittelfeld spielte, demonstrierte Beckenbauer bei der EM 1972 das Libero-Spiel in Perfektion.

Erschöpft und glücklich nach dem gewonnenen WM-Finale 1974 (v.l.n.r.): Hans-Georg Schwarzenbeck, Gerd Müller, Berti Vogts und Franz Beckenbauer.

FAST IMMER IM FINALE

Die Nationalmannschaft 1979 – 1990

Europameister 1980

Vize-Weltmeister 1982, 1986

Weltmeister 1990

Europameister 1980 in Rom

Unter Helmut Schöns Nachfolger, seinem ehemaligen Assistenten Jupp Derwall, legte die Nationalmannschaft eine Serie von 23 Spielen ohne Niederlage hin. Auch bei der EM-Endrunde 1980 in Italien startete sie mit zwei Siegen – 1:0 gegen die Tschechoslowakei und 3:2 gegen die Niederlande. Ein 0:0 gegen Griechenland zum Abschluss reichte für den Gruppensieg und damit auch für den direkten Einzug ins Finale von Rom. Der Gegner dort war die Überraschungsmannschaft aus Belgien, die in ihrer Gruppe die Topteams von England, Spanien und Italien ausgeschaltet hatte. Horst Hrubesch, der vom jungen Regisseur Bernd Schuster in Szene gesetzt wurde, brachte das deutsche Team bereits in der 10. Minute in Führung. In der zweiten Halbzeit glichen die Belgier per Foulelfmeter aus. Die Entscheidung fiel in der 89. Minute, als Hrubesch nach einer Rummenigge-Flanke den Kopf an den Ball brachte und einnetzte.

In der 89. Minute köpft Horst Hrubesch im EM-Finale gegen Belgien das Tor zum entscheidenden 2:1. Links Bernd Schuster.

Die Europameister von 1980

ALLOFS   HRUBESCH   RUMMENIGGE

H. MÜLLER   BRIEGEL*   SCHUSTER

DIETZ   FÖRSTER   STIELIKE   KALTZ

SCHUMACHER

*55. CULLMANN

Die Europameister von 1980. Hinten von links: Rummenigge, Schumacher, Cullmann, Schuster, Briegel, Hrubesch, Stielike, Trainer Derwall. Vorne von links: Allofs, Kaltz, Dietz, Förster und Hansi Müller.

Das „Monster" von Sevilla
Mit zwei gehaltenen Schüssen war Torwart Toni Schumacher der Held des Elfmeterschießens im Halbfinale von Sevilla bei der WM 1982. Doch zuvor war er zum Buhmann geworden. In der zweiten Halbzeit der regulären Spielzeit sprang er dem alleine auf sein Tor zulaufenden Patrick Battiston aus vollem Lauf entgegen und traf ihn mit seiner Hüfte brutal im Gesicht. Der Franzose wurde mit gebrochenem Halswirbel bewusstlos vom Platz getragen. Schumacher, der sich zunächst nicht entschuldigte, wurde von der französischen Presse als „Monster" und „deutsche Bestie" angeprangert.

WM 1982 Der „Nichtangriffspakt" von Gijón

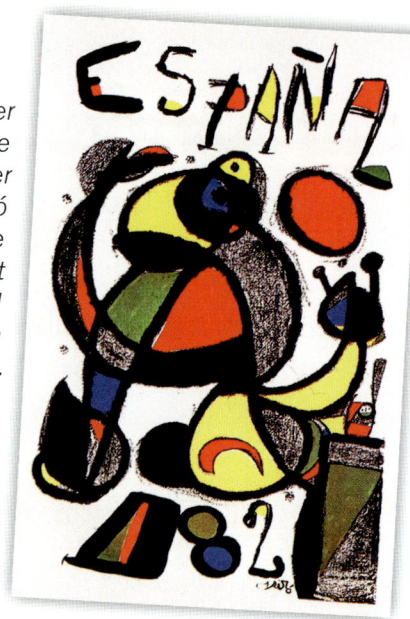

Der berühmte Künstler Miró gestaltete ein Plakat zur WM 1982 in Spanien.

Trotz einer deftigen 1:4-Niederlage gegen Brasilien Anfang 1981 bei einem Turnier in Uruguay zählte der amtierende Europameister vor der WM 1982 in Spanien zu den Favoriten. Jupp Derwalls Team hatte sich mit acht Siegen in acht Spielen – bei 33:3 Toren – souverän qualifiziert. Breitner, Rummenigge, Hrubesch & Co. konnten die Erwartungen dann allerdings nicht erfüllen. Das Auftaktmatch gegen Algerien ging sensationell mit 1:2 verloren. Nach einem 4:1-Sieg gegen Chile im zweiten Spiel gab es vor dem letzten Spiel am 25. Juni 1982 in Gijón gegen Österreich eine heikle Ausgangssituation: Algerien hatte am Vortag gegen Chile gewonnen und damit 4:2 Punkte. Ein knapper deutscher Sieg würde Österreich und Deutschland ebenfalls 4:2 Punkte bringen und aufgrund des Torverhältnisses für beide das Weiterkommen garantieren. Dementsprechend verlief das Spiel. Nachdem Horst Hrubesch bereits in der 11. Minute das 1:0 erzielt hatte, stellten beide Mannschaften alle Bemühungen ein. Das Hin- und Hergeschiebe des Balles quittierte das spanische Publikum mit gellenden Pfiffen. Alle hatten Mitleid mit Algerien, das durch dieses abgekartete Spiel um den möglichen Einzug in die nächste Runde betrogen worden war.

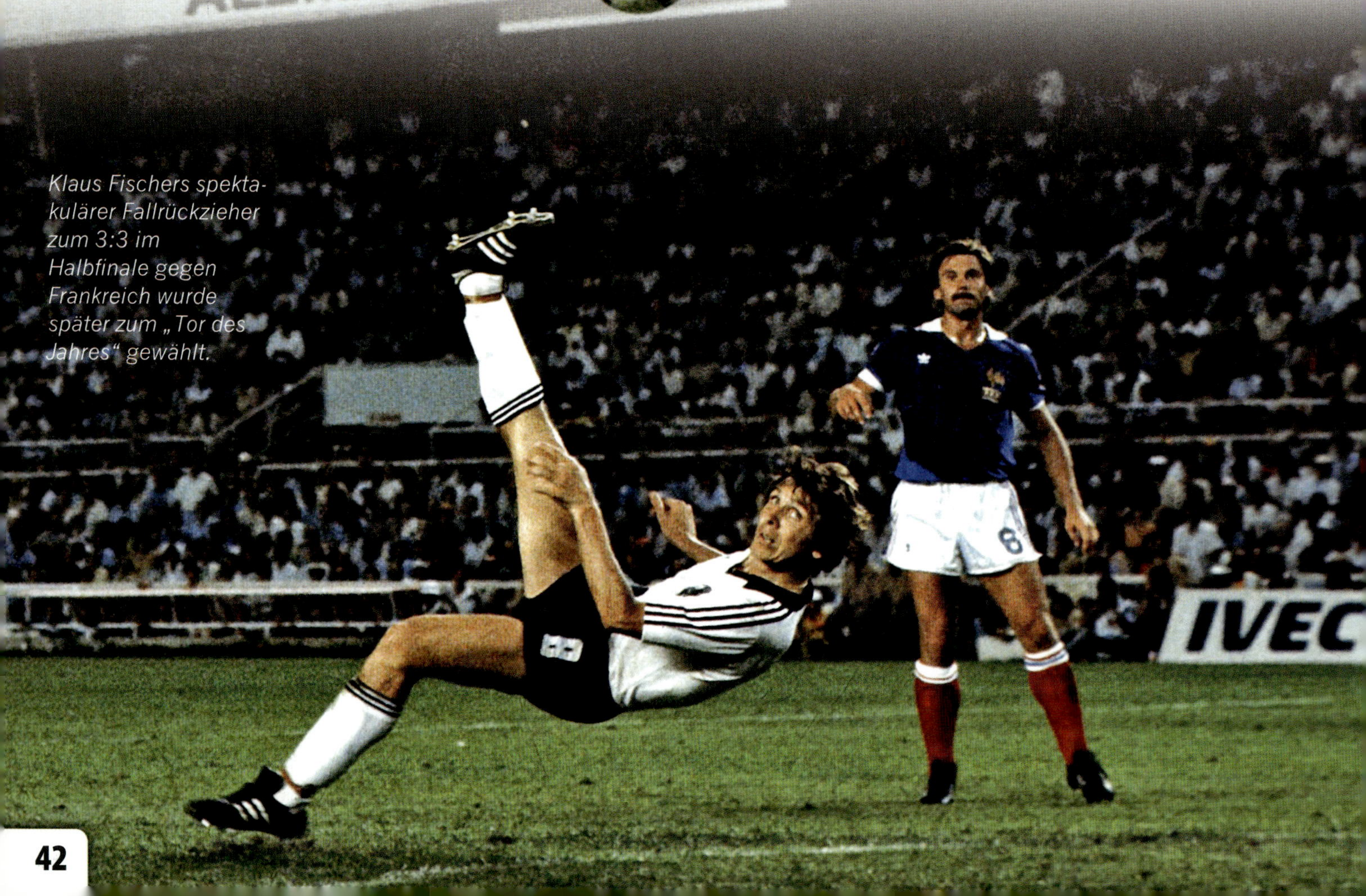

Klaus Fischers spektakulärer Fallrückzieher zum 3:3 im Halbfinale gegen Frankreich wurde später zum „Tor des Jahres" gewählt.

Halbfinal-Drama gegen **Frankreich**

Ein 0:0 gegen England und ein knappes 2:1 gegen Gastgeber Spanien reichte Deutschland, um ins Halbfinale gegen die starken Franzosen mit ihrem tollen Spielmacher Michel Platini einzuziehen. Die frühe Führung durch Pierre Littbarski konnten die Franzosen postwendend ausgleichen. Danach entwickelte sich ein dramatisches Spiel, in dem allerdings bis zur 90. Minute keine weiteren Tore mehr fielen.

In der Verlängerung drehten die eleganten Franzosen dann richtig auf und zogen auf 3:1 davon. Die Wende kam durch den spät eingewechselten deutschen Kapitän Karl-Heinz Rummenigge. Obwohl nicht richtig fit, erzielte er den Anschlusstreffer. Durch ein Fallrückzieher-Traumtor von Klaus Fischer schaffte das deutsche Team den Ausgleich zum 3:3. Das Elfmeterschießen musste entscheiden. Erst verschoss Uli Stielike. Doch da Torwart Toni Schu-

macher zwei Schüsse der Franzosen parierte, hieß der Sieger am Ende Deutschland: Horst Hrubesch verwandelte den sechsten und entscheidenden Elfmeter für sein Team zum Endstand von 8:7.

Im Finale gegen Italien hatte die deutsche Elf allerdings nicht viel zu bestellen. Die erste Halbzeit verlief noch einigermaßen ausgeglichen. Dann aber legten die immer deutlicher überlegenen Italiener drei Treffer vor. Paul Breitners Anschlusstor zum 1:3 konnte keine Wende mehr herbeiführen.

Hans-Peter Briegel verursacht im Finale von 1982 einen Elfmeter. Die Italiener verwandelten nicht, gewannen aber trotzdem mit 3:1.

Enttäuscht: Toni Schumacher nach dem Vorrunden-Aus bei der EM 1984.

Derwall-Abschied nach **EM-Aus 1984**

Schon die Qualifikation zur EM in Frankreich deutete an, dass es das deutsche Team schwer haben könnte. Wie 1967 wäre beinahe der Fußballzwerg Albanien zum Stolperstein geworden. Im letzten Spiel in Saarbrücken gegen die Albaner musste unbedingt ein Sieg her. Derwalls Team gewann nach einem 0:1-Rückstand nur knapp mit 2:1. Bei der EM hätte dann nach einem 0:0 gegen Portugal und einem 2:1 gegen Rumänien ein Unentschieden gegen Spanien gereicht, um ins Halbfinale einzuziehen. Bis zur 90. Minute ging der Plan auf – dann überwand der Spanier Maceda per Kopf Torwart Schumacher. Deutschland hatte mit 0:1 verloren und war damit erstmals in einem großen Turnier in der Vorrunde ausgeschieden. Ebenfalls vorzeitig schied anschließend der frustrierte Jupp Derwall aus seinem Amt als Bundestrainer.

WM-Finale 1986: Kapitän Karl-Heinz Rummenigge im Luftkampf. Nach dem Turnier erklärte er seinen Rücktritt.

Vize-Weltmeister 1986
mit Teamchef Beckenbauer

Mit Franz Beckenbauer bekam Deutschland erstmals statt einem Bundestrainer einen „Teamchef": Der „Kaiser" hatte nämlich keine gültige Trainerlizenz. Die Qualifikation zur WM in Mexiko verlief problemlos, selbst ein 0:1 gegen Portugal – die erste Niederlage überhaupt in einem WM-Qualifikationsspiel – änderte daran nichts. Im Turnier selbst kämpfte sich eine nicht besonders spielstarke Truppe bis ins Halbfinale. Es genügten 3:3 Punkte und ein 2. Platz hinter Dänemark in der Gruppenphase, ein mühevolles 1:0 gegen

Außenseiter Marokko im Achtelfinale durch ein spätes Freistoßtor von Lothar Matthäus sowie ein 4:1 im Elfmeterschießen nach torlosem Spiel im Viertelfinale gegen Mexiko. Erst im Halbfinale gegen den amtierenden Europameister Frankreich zeigte das Beckenbauer-Team eine gute Leistung. Andreas Brehme sorgte in der 9. Minute für die Führung. Anschließend wehrte sich die deutsche Elf mit Geschick und Glück gegen die Angriffe der druckvoll und elegant aufspielenden „Equipe Tricolore". Die Entscheidung fiel erst in der 90. Minute, als Rudi Völler ein Solo mit dem 2:0 abschloss.

Im Endspiel gegen die von Superstar Diego Maradona angeführten Argentinier gab es einen frühen Rückstand, nachdem Torwart Schumacher eine Freistoß-Flanke unterlaufen hatte. Als in der 55. Minute das 0:2 folgte, schien bereits alles verloren. Doch die in grünen Trikots angetretenen Deutschen gaben nicht auf und erzwangen den Ausgleich durch Tore von Karl-Heinz Rummenigge (73.) und Rudi Völler (81.). Sie warfen alles nach vorne, um den Siegtreffer zu erzielen – und öffneten damit den Argentiniern die Lücke zum entscheidenden Spielzug. Maradona durchschnitt mit einem genialen Pass die deutsche Defensive, Burruchaga startete durch und vollendete eiskalt. Zum dritten Mal nach 1966 und 1982 musste sich Deutschland mit dem 2. Platz begnügen.

Die „mexikanischen" Vizeweltmeister sind zurück. Vom Rathausbalkon in Frankfurt grüßen (von links): Völler, Brehme, Berthold, Littbarski, Beckenbauer, Eder, Förster.

EM 1988
Halbfinal-Aus gegen die Niederlande

Bei der erstmals in Deutschland ausgetragenen Europameisterschaft 1988 wollte Franz Beckenbauer seinen ersten Titel als Teamchef holen. Doch es wurde nichts. Das Turnier begann holprig mit einem 1:1 gegen Italien. Mit zwei überzeugenden 2:0-Siegen gegen Dänemark und Spanien gelang der Gruppensieg und damit der Einzug ins Halbfinale. Dort waren im Volksparkstadion von Hamburg die starken Niederländer um die Stars Gullit, Rijkaard und

van Basten der Gegner. Lothar Matthäus sorgte in der 55. Minute per Elfmeter für die Führung. Knapp 20 Minuten später bekamen die Niederländer nach einem Foul von Jürgen Kohler an Marco van Basten ebenfalls einen Strafstoß zugesprochen. Ronald Koeman verwandelte zum 1:1. Dem entscheidenden Treffer in der 89. Minute ging wieder ein Duell dieser beiden Spieler voraus. Kohler kam einen Tick zu spät, van Basten verwandelte zum Siegtreffer. Im Finale spielten die „Oranjes" dann die UdSSR an die Wand und gewannen mit 2:0.

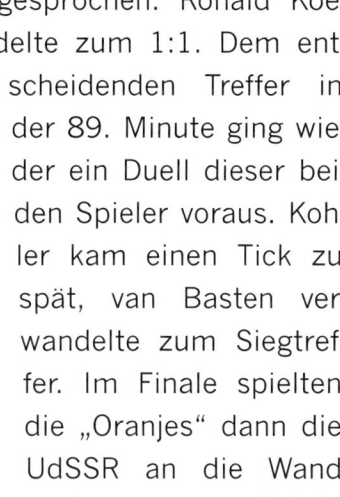

Das offizielle Plakat zur EM 1988 in Deutschland.

EURO 88
10. – 25. Juni
Düsseldorf · Frankfurt · Gelsenkirchen
Hamburg · Hannover · Köln · München · Stuttgart

Die „Suppenkasper-Affäre"

Während der WM 1986 bezeichnete Ersatz-Torwart Uli Stein das deutsche Team als „Gurkentruppe" und den Teamchef Beckenbauer als „Suppenkasper". Er spielte darauf an, dass Beckenbauer früher für die Lebensmittelfirma Knorr Werbung gemacht hatte. Der Teamchef fand das nicht so toll und schickte den Stänkerer Stein vorzeitig nach Hause.

„Kraft in den Teller – KNORR auf den Tisch."

Jürgen Kohler kommt zu spät gegen van Basten. Die Niederlande ziehen ins EM-Endspiel ein, das sie dann gegen die UdSSR auch gewinnen.

WM 1990
Klinsmanns Rache für Völler

In der Qualifikation zur Weltmeisterschaft 1990 in Italien traf Deutschland erneut auf die Niederländer. Nach zwei Unentschieden gegen die „Oranjes" und einem 0:0 in Wales reichte es am Ende nur zu Platz 2 in der Gruppe. Erst durch einen knappen 2:1-Sieg im letzten Spiel gegen die Waliser gelang es, sich als einer der besten Gruppenzweiten für die WM zu qualifizieren.

Der Start in die Gruppenphase war furios. Die starken Jugoslawen wurden mit 4:1 vom Platz gefegt, die Vereinigten Arabischen Emirate mühelos mit 5:1 besiegt. Erst gegen Kolumbien kam Sand ins Getriebe, das Spiel endete 1:1.

Im Achtelfinale warteten dann schon wieder die Männer in den orangefarbenen Trikots. Es wurde eine prickelnde Partie. In der 22. Minute flog der Niederländer Frank Rijkaard vom Platz, nachdem er Rudi Völler bespuckt hatte. Doch auch Völler erhielt einen Platzverweis, da ihm der Schiedsrichter eine Mitschuld an dem Geschehen gab. Jürgen Klinsmann blieb als einziger deutscher Stürmer übrig. Voller Wut über die Hinausstellung seines Sturmpartners rannte er nun für zwei und machte das beste Spiel seiner Karriere. In der 51. Minute erzielte er das 1:0. Andreas Brehme erhöhte in der 85. Minute auf 2:0. Damit war das Spiel gelaufen, der Elfmetertreffer Koemans kurz vor dem Abpfiff kam zu spät.

Der WM-Triumph des Kaisers

Im Viertelfinale mühte sich die deutsche Elf zu einem knappen 1:0-Sieg gegen die Tschechoslowakei. Matthäus hatte per Elfmeter getroffen. Das Halbfinale gegen England entschädigte aber für dieses schwache Spiel. Die starken Engländer verlangten den Deutschen alles ab. Andreas Brehme sorgte in der 59. Minute für die Führung, Gary Lineker glich in der 80. Minute aus. Nach einer torlosen Verlängerung musste das Elfmeterschießen entscheiden. Nach jeweils drei Schüt-

Achtelfinale gegen die Niederlande: Nachdem Rijkaard (links) Rudi Völler bespuckt hat, mischt sich auch noch der holländische Torwart van Breukelen ein.

Die Weltmeister von 1990

VÖLLER   KLINSMANN

LITTBARSKI   MATTHÄUS   HÄSSLER   BERTHOLD*

BREHME   KOHLER   BUCHWALD

AUGENTHALER

ILLGNER

*74. REUTER

zen stand es 3:3. Dann hielt Torwart Bodo Illgner den schwachen Schuss von Stuart Pearce. Olaf Thon behielt die Nerven und erhöhte auf 4:3. Den letzten Ball für England drosch Chris Waddle über die Latte – das war die Entscheidung.

Als erste Mannschaft überhaupt stand die deutsche Elf damit zum dritten Mal hintereinander in einem WM-Finale. Wie

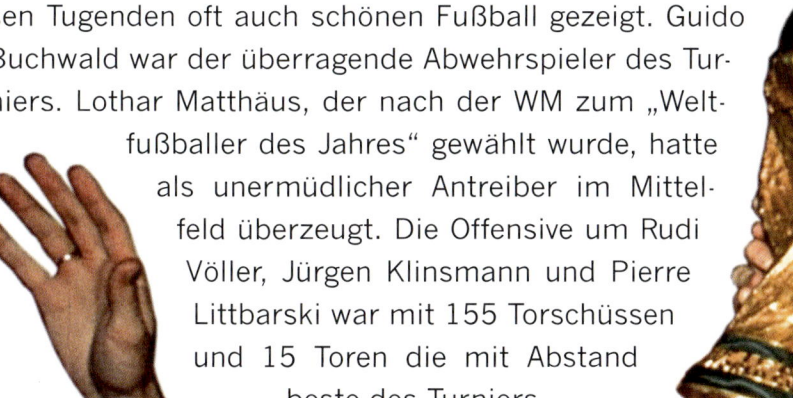

Endspiel 1990: Andy Brehme verwandelt den entscheidenden Elfmeter zum 1:0 gegen Argentinien.

vier Jahre zuvor hieß der Endspielgegner Argentinien. Bei den Südamerikanern war immer noch Superstar Maradona dabei, aber er hatte seine beste Zeit hinter sich. Die Deutschen spielten überlegen und gerieten nie in Bedrängnis. Dennoch wurde es ein enges Spiel, da auch die Argentinier kaum Chancen zuließen. Die Partie war erst entschieden, als Rudi Völler in der 85. Minute im Strafraum des Gegners zu Fall kam und Andreas Brehme den fälligen Elfmeter souverän versenkte. Deutschland war zum dritten Mal Weltmeister!

Trotz des mäßigen Endspiels waren sich alle Beobachter einig, dass die insgesamt beste Mannschaft verdient den Titel gewonnen hatte. Die deutsche Mannschaft war nicht, wie in den Turnieren zuvor, allein mit Willenskraft, Nervenstärke und Durchhaltevermögen ins Finale gelangt. Sie hatte außer diesen Tugenden oft auch schönen Fußball gezeigt. Guido Buchwald war der überragende Abwehrspieler des Turniers. Lothar Matthäus, der nach der WM zum „Weltfußballer des Jahres" gewählt wurde, hatte als unermüdlicher Antreiber im Mittelfeld überzeugt. Die Offensive um Rudi Völler, Jürgen Klinsmann und Pierre Littbarski war mit 155 Torschüssen und 15 Toren die mit Abstand beste des Turniers.

Die schönsten Beckenbauer-Sprüche bei der WM 1990

„Ihr Blinden! Ihr Topfenkicker! Ihr seid's die größten Deppen!" *Nach dem knappen 1:0 im Viertelfinale*

„Es tut mir leid für den Rest der Welt, aber diese Mannschaft wird auf Jahre hinaus nicht zu schlagen sein." *Nach dem Finale*

Deutschland ist Weltmeister! Riesenjubel bei Andy Brehme, Pierre Littbarski und Lothar Matthäus.

DIE STARS 1979 – 1990

Viele deutsche Spieler wurden zweimal Vizeweltmeister. Einer von ihnen war Torwart **HARALD SCHUMACHER**, der sich nach seinem Vorgänger im Kölner Tor „Toni" nannte. Als Nationalkeeper zeigte er sich immer nervenstark, manchmal allerdings auch übermotiviert. **BERNARD DIETZ**, Europameister und ein unermüdlicher Kämpfer aus dem Ruhrgebiet, war einer der wenigen Nationalspieler des MSV Duisburg. Eine Zeit lang trug er im DFB-Team sogar die Kapitänsbinde. Der bärenstarke frühere Zehnkämpfer **HANS-PETER BRIEGEL**, der stets ohne Schienbeinschoner spielte, war in den 1980er Jahren als Verteidiger gesetzt. Der ungeheuer bissige Stuttgarter **KARL-HEINZ FÖRSTER** war der Inbegriff des harten und schier unüberwindbaren deutschen Vorstoppers. **MANFRED KALTZ** vom Hamburger SV, der Erfinder der „Bananenflanke", war als Rechtsverteidiger einer der besten Spieler im Nationaldress. **ULI STIELIKE**, der später viele Jahre bei Real Madrid kickte, baute das Spiel von hinten auf. Der heutige Trainer **FELIX MAGATH** führte intelligent Regie im Mittelfeld, oft assistiert von **HANSI MÜLLER** und **BERND SCHUSTER**, dem „schönen Hansi" und dem „blonden Engel".

Im Europameister-Sturm von 1980 gab **KLAUS ALLOFS**, der heutige Wolfsburg-Manager, den pfiffigen Stürmer, während **HORST HRUBESCH** als „Kopfball-Ungeheuer" Schrecken verbreitete. Der Schalker **KLAUS FISCHER** war später für die besonders schönen Tore zuständig. Der heutige Bayern-Chef **KARL-HEINZ RUMMENIGGE** beeindruckte nicht nur mit Bodybuilder-Oberschenkeln, sondern auch mit enormer Schnelligkeit und Torgefahr.

Auch im Weltmeister-Team von 1990 stand wie all die Jahre zuvor ein Kölner im Tor: **BODO ILLGNER** war, anders als sein Vorgänger, ein ruhiger Vertreter seines Fachs. Der kopfballstarke Stuttgarter **GUIDO BUCHWALD** war bei der WM 1990 der beste deutsche

Schnell und torgefährlich: Karl-Heinz Rummenigge.

Lothar Matthäus, der Weltfußballer des Jahres 1990.

Verteidiger. Weil er dabei auch gut dribbelte, bekam er in Anlehnung an Maradona den Spitznamen „Diego". Als kampfstarker Fels in der Innenverteidigung erwies sich der unverwüstliche Manndecker **JÜRGEN KOHLER**.

Der Ur-Bayer **KLAUS AUGENTHALER**, schon in jungen Jahren mit tiefen Falten im Gesicht, gab einen kantig-grantigen Libero und hatte einen Mordsschuss.

Außenverteidiger **THOMAS BERTHOLD** hatte viel Talent, war aber wegen seines übergroßen Selbstbewusstseins manchmal etwas zu lässig. Der pfeilschnelle **STEFAN REUTER** schnurrte stets zuverlässig über den Platz. Verteidiger **ANDREAS BREHME** konnte mit rechts und links gleich gut schießen und wurde von Beckenbauer als der „kompletteste" Fußballer gelobt.

LOTHAR MATTHÄUS, der Weltfußballer von 1990, glänzte auf dem Platz als dynamischer Dampfmacher – und nervte nach dem Abpfiff als Dampfplauderer. Zäh war er auch: Der ehrgeizige Rekordnationalspieler (150 Länderspiele, 25 WM-Spiele in 5 WM-Turnieren) feierte nach schweren Verletzungen immer wieder ein Comeback. Der kleine **THOMAS HÄßLER** brillierte als hakenschlagender Dribbler und gefährlicher Freistoßschütze. Zum Markenzeichen von **PIERRE LITTBARSKI** wurden seine Säbelbeine. Sie waren so krumm, dass dem Gegner allein schon vom Hingucken schwindlig werden konnte. **ANDREAS MÖLLER** glänzte mit eleganter Technik und wurde zur „Heulsuse", wenn er nach

schlechten Spielen Kritik einstecken musste.

Wenn der flinke **RUDI VÖLLER** am Ball war, raunte das Publikum „Ruuuudi" – denn dann war Gefahr im Verzug. Mit **JÜRGEN KLINSMANN**, der wie ein junges Fohlen stets etwas staksig über den Platz galoppierte, bildete er viele Jahre ein perfektes Duo.

Der Mittelstürmer **KARL-HEINZ RIEDLE** war für einen Mittelstürmer nicht besonders groß. Dennoch hatte er die absolute Lufthoheit im Strafraum.

Felix Magath

Harald Schumacher / Bodo Illgner

Weltmeister! Stars im Finale 1990 im Jubel vereint. Von links: Andreas Brehme, Jürgen Klinsmann, Rudi Völler, Stefan Reuter, Pierre Littbarski.

„GOLDEN GOAL" UND RUMPEL-FÜSSLER

Die Nationalmannschaft 1991 – 2004

Vize-Europameister 1992

Europameister 1996

Vize-Weltmeister 2002

Thomas Häßler erzielt bei der EM 1992 gegen Schweden das 1:0 per Freistoß.

EM 1992 **Machtlos gegen fröhliche Dänen**

Die DFB-Elf, die nun als gesamtdeutsche Nationalmannschaft auftrat, zeigte unter dem neuen Bundestrainer Berti Vogts bei der EM 1992 in Schweden nur mäßige Leistungen. In der Vorrunde gab es zunächst ein 1:1 gegen die ehemalige Sowjetunion, die nun als „Gemeinschaft Unabhängiger Staaten" (GUS) antrat. Dem folgten ein 2:0 gegen Schottland und eine 1:3-Niederlage gegen die Niederlande. Das ergab nur 3:3 Punkte, reichte aber trotzdem zum Vordringen ins Halbfinale. Dort wurde Gastgeber Schweden im ersten überzeugenden Spiel des Turniers durch einen Häßler-Freistoß und zwei Riedle-Treffer mit 3:2 ausgeschaltet. Damit hatte Deutschland bereits zum vierten Mal ein EM-Finale erreicht.

Vor dem Endspiel gegen Dänemark galt das deut-sche Team als klarer Favorit. Denn die Dänen hatten lediglich als Ersatz für Jugoslawien, das wegen des Balkankonflikts vom Turnier ausgeschlossen worden war, an der EM teilnehmen dürfen. Sie hatten kaum eine Vorbereitung und schienen nach schweren Spielen mit ihren Kräften bereits am Ende. Doch dann kam alles anders als gedacht. Die umständlichen Deutschen fanden kein Mittel gegen den leicht und locker aufspielenden Außenseiter und verloren mit 0:2.

Die gesamtdeutsche Nationalelf Ursprünglich sollte die Nationalmannschaft der DDR in der Qualifikation zur EM 1992 in derselben Gruppe antreten, in der auch die BRD-Elf spielte. Doch zum Aufeinandertreffen der beiden Teams kam es nicht mehr, da am 3. Oktober 1990 die Wiedervereinigung erfolgte. Die Bundesrepublik Deutschland wurde um fünf neue Bundesländer (Mecklenburg-Vorpommern, Brandenburg, Sachsen, Sachsen-Anhalt und Thüringen) erweitert. Die besten Nationalspieler der ehemaligen DDR, etwa Matthias Sammer, traten nun im DFB-Trikot für die BRD an.

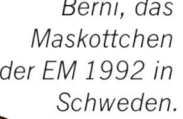

Berni, das Maskottchen der EM 1992 in Schweden.

Gegen flinke Dänen im Finale ausgerutscht: Guido Buchwald ging's wie der ganzen Mannschaft.

*Das offizielle Logo der
WM 1994 in den USA.*

WM 1994 Viertel-final-Aus gegen Bulgarien

Für die WM 1994 in den USA war
Deutschland als Titelverteidiger qualifiziert. Das Team von Berti Vogts startete im Eröffnungsspiel mit einem 1:0-
Sieg gegen Bolivien. Die Leistung war
nicht gerade berauschend, und auch in
den nächsten Spielen wurde es nicht
viel besser. Trotzdem bedeuteten ein
1:1 gegen Spanien und ein 3:2 gegen
Südkorea Platz 1 in der Vorrunden-
gruppe und damit den Einzug ins Achtelfinale. Dort gewann die Vogts-Truppe
das dramatische Spiel gegen Belgien
mit 3:2. Man war nun zuversichtlich, im
Viertelfinale den Außenseiter Bulgarien
ohne größere Probleme ausschalten zu
können. Lothar Matthäus brachte sein
Team in der 48. Minute mit einem Elfmeter in Führung. Doch in der letzten
Viertelstunde schafften die spielstar-
ken Bulgaren die Wende. Die in manchen Situationen recht unsortiert wir-

kenden Deutschen verloren mit 1:2
und waren ausgeschieden. Bundestrainer Vogts geriet anschließend heftig in
die Kritik, erhielt aber Rückendeckung
vom DFB und durfte die Nationalmannschaft weiterhin betreuen.

EM 1996
Unglückliche Engländer

In der Qualifikation zur EM 1996 traf
Deutschland erneut auf Bulgarien. Die
Spiele der beiden Gruppenbesten endeten 2:3 und 3:1. Deutschland wurde
Gruppensieger. Zum Turnier in England
reisten erstmals 16 Teams an. Berti
Vogts' Auswahl beendete die Vorrunde
ohne Gegentor – 2:0 gegen Tschechien,
3:0 gegen Russland und 0:0 gegen Italien – und schaffte so den Einzug ins
Viertelfinale. Dort gab es ein spannen-
des Spiel gegen Kroatien, in dem Jürgen
Klinsmann und Matthias Sammer mit
ihren Treffern für einen 2:1-Sieg sorgten.
Im Halbfinale kam es zum Länderspiel-Klassiker gegen den Gastgeber
England. Die „Three Lions" gingen be-

*WM 1994: Alle Deutschen springen hoch (von links:
Matthäus, Klinsmann, Völler, Buchwald, Helmer, Berthold) –
doch Bulgariens Star Stoitchkov trifft trotzdem.*

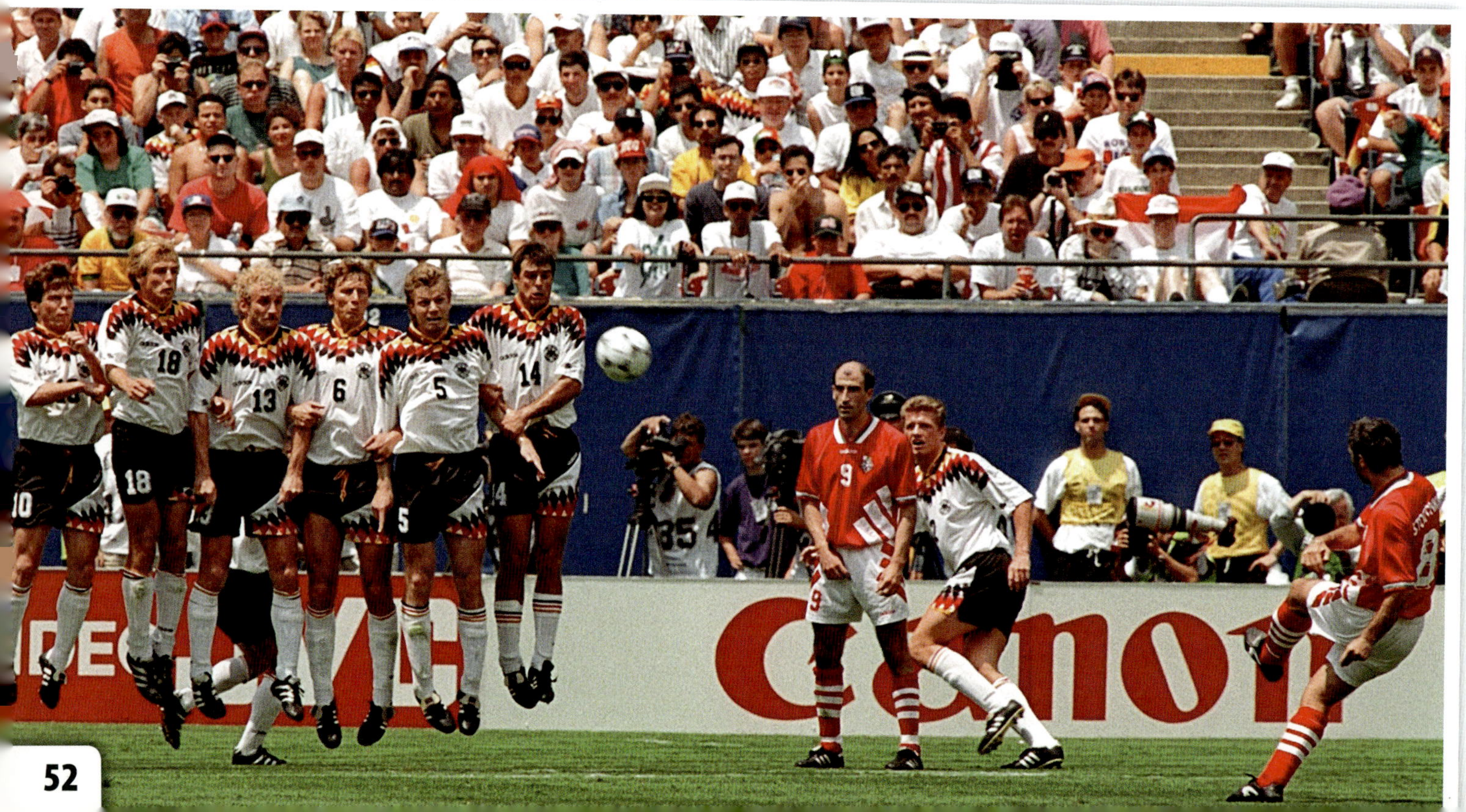

reits kurz nach dem Anpfiff in Führung, aber Stefan Kuntz stellte in der 16. Minute den Ausgleich her. Da bis zur 90. Minute und auch in der Verlängerung keine weiteren Tore mehr fielen, musste wie schon im WM-Halbfinale 1990 das Elfmeterschießen entscheiden. Die deutschen Spieler hatten abermals die besseren Nerven. Bei England hieß der Unglücksrabe diesmal Gareth Southgate: Torwart Andreas Köpke entschärfte seinen Schuss gekonnt, nachdem bis dahin beide Teams je fünfmal getroffen hatten. Andreas Möller versenkte den sechsten deutschen Elfmeter, und der Sieg war perfekt.

Riesenjubel nach Bierhoffs „Golden Goal"! Jürgen Klinsmann und Thomas Häßler sind die ersten Gratulanten.

„AUF EINEN MEHR ODER WENIGER KOMMT'S DOCH AUCH NICHT AN."
Berti Vogts' Frau Monika auf die Frage ihres Mannes, ob er Oliver Bierhoff, der beim italienischen Verein Udine kickte, mit zur EM nehmen solle

„Goldenes Tor" zum
EM-Titel

In ihrem fünften EM-Finale trafen die Deutschen auf einen Gegner, den sie bereits aus der Vorrunde kannten: Tschechien. Diesmal waren die Tschechen aber ein härterer Brocken: Deutschland geriet mit 0:1 in Rückstand. Erst in der 73. Minute gelang dem kurz zuvor eingewechselten Oliver Bierhoff der Ausgleich. In der Verlängerung war es dann erneut Bierhoff, der traf und damit für die Entscheidung sorgte. Gleich nach seinem Treffer in der 95. Minute wurde das Spiel abgepfiffen. Vor dem Turnier war nämlich eine neue Regel eingeführt worden: In der Verlängerung des Finales entscheidet der erste Treffer das Spiel. Bierhoffs „Golden Goal" führte somit unmittelbar zum dritten EM-Titel für Deutschland.

Dieter Eilts (links neben Matthias Sammer) spielte eine klasse EM. Da gratulierte sogar die Queen!

Die Europameister von 1996

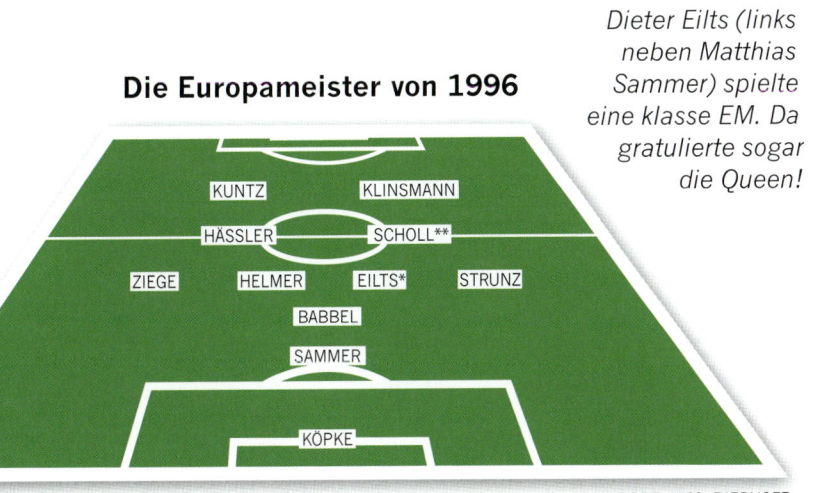

KUNTZ KLINSMANN
HÄSSLER SCHOLL**
ZIEGE HELMER EILTS* STRUNZ
BABBEL
SAMMER
KÖPKE

*46. BODE, **69. BIERHOFF

Deutsche Hooligans
Bei der WM 1998 in Frankreich litt der Ruf des deutschen Fußballs nicht nur durch die schlechten Auftritte der Nationalelf. Gewalttätige deutsche Hooligans verbreiteten am Rande der Spiele Angst und Schrecken. Als das DFB-Team in Lens gegen Jugoslawien spielte, verletzten einige Randalierer den französischen Polizisten Daniel Nivel lebensgefährlich. Es gab danach sogar Überlegungen, das deutsche Team vom weiteren Turnier auszuschließen.

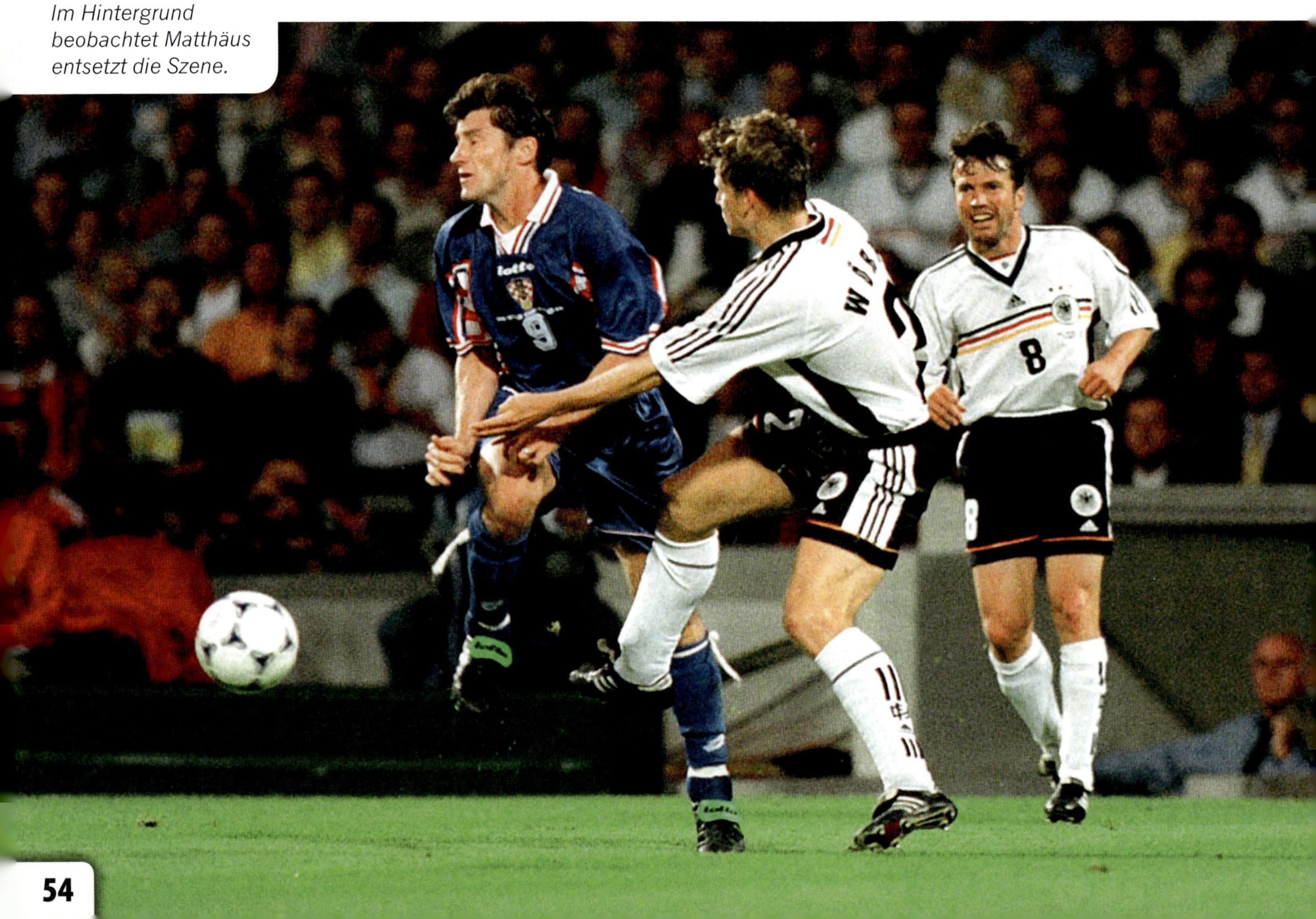

WM 1998 Klatsche gegen Kroatien

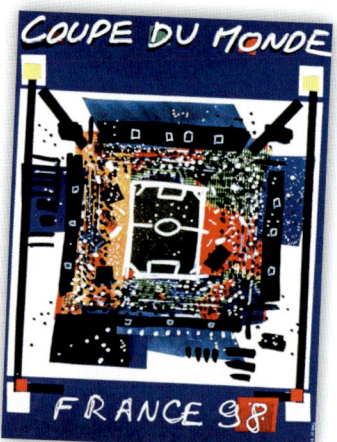

Plakat zur WM 1998 in Frankreich.

Deutschland hätte – als amtierender Europameister! – beinahe die direkte Qualifikation zur WM 1998 in Frankreich verpasst. Fast wäre es wieder an Albanien gescheitert. Das DFB-Team gewann nur hauchdünn und in letzter Minute mit 4:3. Eine Niederlage in diesem letzten Spiel der Qualifikationsgruppe 9 hätte Platz 2 hinter der Ukraine bedeutet.

Eng wurde es auch bei der WM im letzten Vorrundenspiel gegen Jugoslawien. Deutschland schaffte nach einem 0:2-Rückstand noch ein 2:2. Das bedeutete nach zwei 2:0-Siegen gegen die USA und gegen den Iran den Einzug ins Achtelfinale. Auch dort kam es gegen Mexiko zu einem äußerst knappen Spiel. Jürgen Klinsmann und Oliver Bierhoff konnten einen 0:1-Rückstand erst gegen Ende des Spiels noch in einen 2:1-Sieg umwandeln.

Im Viertelfinale gegen Kroatien folgte schließlich das böse Ende. Kurz nach einem Platzverweis gegen den Verteidiger Christian Wörns geriet das Team von Berti Vogts mit 0:1 in Rückstand. Zehn mutlose deutsche Spieler waren dann in der zweiten Halbzeit nicht in der Lage, das Spiel noch zu drehen. Am Ende waren sie mit 0:3 sang- und klanglos untergegangen. Eine derart deftige Niederlage bei einem WM-Turnier hatte es seit dem 3:6 gegen Frankreich 1958 nicht mehr gegeben. Bundestrainer Vogts zog wenig später die Konsequenzen und trat zurück.

Das Ende aller deutschen WM-Träume: Nach diesem Foul an Davor Suker sah Wörns die Rote Karte. Im Hintergrund beobachtet Matthäus entsetzt die Szene.

Versteinert an der Seitenlinie: Der erfolglose Bundestrainer Erich Ribbeck bei Deutschlands 0:3-Debakel gegen Portugal.

EM 2000 Am Tiefpunkt mit Ribbeck

Oldie Lothar Matthäus, der vor der EM 1996 aussortiert und dann noch einmal zur WM 1998 reaktiviert worden war, wurde auch von Vogts-Nachfolger Erich Ribbeck auf die Libero-Position beordert. Mit ihm sollte die wackelige Abwehr wieder sicherer stehen. Erfolgreich war die Maßnahme nicht. Zwar verlor die DFB-Elf in der Qualifikation zur EM 2000 nur ein einziges Spiel – 0:1 in der Türkei –, die Leistungen gegen schwache Gegner waren aber keineswegs überzeugend. So kam die Riesenpleite bei der EM in Belgien und den Niederlanden nicht völlig aus heiterem Himmel. 1:1 gegen Rumänien, 0:1 gegen England und schließlich 0:3 gegen Portugal lauteten die Ergebnisse nach taktisch und spielerisch armseligen Vorstellungen des deutschen Teams. Deutschland war damit bereits nach der Vorrunde ausgeschieden – es war das schlechteste Abschneiden einer deutschen Nationalmannschaft bei einem internationalen Turnier. Der erfolglose Erich Ribbeck wurde daraufhin entlassen.

Beim DFB und bei der Deutschen Fußball-Liga (DFL) – der neuen Vereinigung der deutschen Profivereine – machte man sich nach der Blamage Gedanken über eine Reform des deutschen Fußballs. Denn so konnte es ja nicht weitergehen. Ein Ergebnis war der Beschluss, alle Bundesliga-Vereine zur Einrichtung von Nachwuchsleistungszentren (NLZ) zu verpflichten. Durch eine professionellere Ausbildung der Jugend sollte langfristig die Qualität der deutschen Spitzenspieler verbessert werden.

Geknickt schleicht Rekordnationalspieler Lothar Matthäus (150 Länderspiele) nach der verkorksten EM 2000 vom Platz.

Mit Rudi Völler ins WM-Finale 2002

Für die Aufgabe, ein neues und wieder erfolgreicheres Nationalteam aufzubauen, war der damalige Trainer-Star Christoph Daum auserkoren. Da der aber noch bei Bayer Leverkusen unter Vertrag stand, übernahm Rudi Völler vorläufig das Training der Nationalelf. Zwei Auftaktsiege – 4:1 gegen Spanien und 1:0 gegen England im alten Londoner Wembley-Stadion – weckten neue Hoffnung. Die Fans sangen erfreut: „Es gibt nur ein'n Rudi Völler."

Als Daum kurz darauf des Drogenmissbrauchs überführt wurde, durfte der beliebte Teamchef weitermachen. Die Ergebnisse der Nationalelf in der Qualifikation zur WM 2002 in Japan und Südkorea gaben jedoch Anlass zur Sorge. Besonders bitter war eine 1:5-Niederlage gegen England im September 2001 in München. Als Zweitplatzierter der Gruppe 9 musste Völlers Mannschaft in die Relegation gegen die Ukraine. Einem 1:1

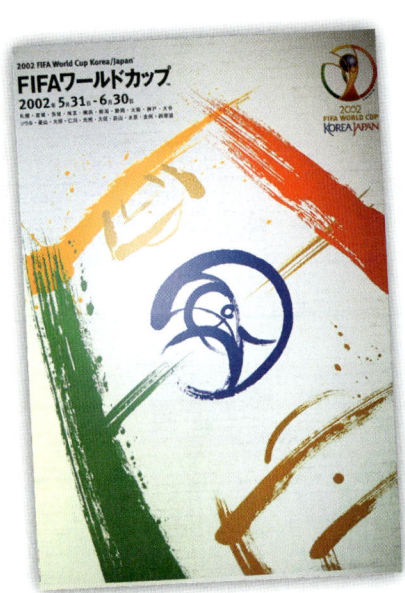

Plakat zur WM 2002 in Japan und Südkorea.

im Hinspiel folgte ein überzeugendes 4:1 im Rückspiel.

In Japan startete das Völler-Team mit einem 8:0 gegen Saudi-Arabien verheißungsvoll in die WM. Anschließend gab es aber nur noch magere Ergebnisse. Ein 1:1 gegen Irland und ein 2:0 gegen Kamerun reichten jedoch für den Gruppensieg. Ohne spielerisch zu überzeugen, gelangte Deutschland dann mit drei 1:0-Siegen gegen Paraguay, die USA und Südkorea unerwartet ins Finale. Zur entscheidenden und gleichzeitig tragischen Figur des Halbfinales wurde der Mittelfeldantreiber Michael Ballack: In der 71. Minute stoppte er einen gefährlichen Angriff der Südkoreaner mit einem Foul, für das er eine Gelbe Karte und damit eine Sperre für ein mögliches Finale erhielt; vier Minuten später erzielte er dann den spielentscheidenden Treffer.

Der „Titan" patzt gegen Ronaldo

Neben dem torgefährlichen Michael Ballack war der Einzug ins Finale vor

Vize-Weltmeister – aber so richtig glücklich schaut keiner drein. Die deutschen Spieler nach der Finalniederlage gegen Brasilien bei der WM 2002.

allem den Paraden des Torwarts und Kapitäns Oliver Kahn zu verdanken. Der Bayern-Keeper war im Laufe des Turniers zum „King Kahn" und „Titan" gewachsen. Er wurde nicht nur als bester Keeper mit dem „Goldenen Handschuh", sondern sogar als bester Spieler des Turniers mit dem „Goldenen Ball" ausgezeichnet. Im Endspiel kam es zum ersten WM-Duell überhaupt

Der Anfang vom Ende im Finale: Ronaldo trifft gegen Oliver Kahn zum 1:0.

gegen Brasilien. Das deutsche Team zeigte gegen die Stars vom Zuckerhut eine spielerisch überzeugende Leistung, wie sie kaum einer erwartet hätte. Die Deutschen dominierten gegen Ronaldo, Rivaldo und Ronaldinho, brachten den Ball aber nicht ins Tor. Und dann war es ausgerechnet der Beste, der entscheidend patzte. In der 67. Minute ließ Oliver Kahn einen Ball abprallen, Torjäger Ronaldo war da und staubte ab. Nach einem weiteren Ronaldo-Tor in der 79. Minute war das Spiel entschieden.

Verzweifelte oft bei der EM 2004: Teamchef Rudi Völler.

Rudi Ratlos bei der
EM 2004

Das WM-Endspiel von 2002 blieb ein einsamer Höhepunkt in der Völler-Ära. In den Qualifikationsspielen zur EM 2004 präsentierte die deutsche Elf meist nur Fußball zum Abgewöhnen und wurde von Kritikern als „Rudis Rumpelfüßler" bezeichnet. Nur weil die Gegner – Schottland, Island, Litauen und die Färöer – so schwach waren, geriet die Teilnahme an der EM in Portugal nie wirklich in Gefahr. Mit einem 1:1 gegen die starken Niederländer begann das Turnier recht zufriedenstellend. Ein mageres 0:0 gegen Lettland und ein deprimierendes 1:2 gegen Tschechien führten jedoch zum vorzeitigen Aus. Zum zweiten Mal seit 2000 war Deutschland bei einem großen Turnier bereits in der Vorrunde ausgeschieden. Der enttäuschte und ratlose Rudi Völler wollte einem Neuanfang nicht im Wege stehen und trat zurück.

Tiefste Tiefpunkte
Während der Qualifikation zur EM 2004 sah sich die deutsche Elf immer wieder heftiger Kritik ausgesetzt. Nach einem sehr mageren 0:0 auf Island im September 2003 platzte Rudi Völler im Interview mit dem Fernsehmoderator Waldemar Hartmann schließlich der Kragen. Er könne „diesen Scheiß", dieses Gerede vom Tiefpunkt und vom „noch tieferen Tiefpunkt" nicht mehr hören und lasse sich das nicht mehr länger gefallen.

DIE STARS
1991 – 2004

Thomas Linke

Christian Wörns

Der Titan im Tor: Oliver Kahn.

ANDREAS KÖPKE zeigte auf der Linie tolle Reflexe, fast so schnell wie der Blitz. Der heutige Bundestorwarttrainer parierte auch manchen Elfmeter. Beim Gewinn des EM-Titels 1996 war der zu dieser Zeit weltbeste Torhüter ein ganz großer Rückhalt. Auf der ganzen Welt berühmt ist bis heute der „Titan" **OLIVER KAHN**. Der enorm ehrgeizige Nationaltorwart war schon 1999 „Welt-Torhüter des Jahres". Den Höhepunkt seiner Karriere hatte er da aber noch vor sich: 2001 hielt der Bayern-Keeper im Champions-League-Finale gegen den FC Valencia drei Elfmeter. Bei der WM 2002 faustete und hechtete er so perfekt, dass Deutschland es fast alleine wegen seiner Leistung ins Endspiel schaffte. Der Münchner **MARKUS BABBEL** fiel nie groß auf, war aber stets ein zuverlässiger Innenverteidiger. Sein Kollege **THOMAS HELMER** war ebenso souverän, scheute aber die Mikrofone der Journalisten weitaus weniger. **CHRISTIAN WÖRNS**, wie sein Vorgänger Jürgen Kohler bei Waldhof Mannheim als erbarmungsloser Manndecker ausgebildet, verbiss sich in jeden Gegner. Sein mit Rot bestraftes Foul im Viertelfinale der WM 1998 war eine der Ursachen für das Ausscheiden des deutschen Teams. Der un-

auffällige **THOMAS LINKE** leistete sich in der Abwehr kaum einmal einen Fehler. Der blondgefärbte Verteidiger **THOMAS STRUNZ** wurde durch Bayern-Trainer Giovanni Trapattoni berühmt („Was erlaube Struuunz?!") – schaffte aber auch immerhin 41 Länderspiele und holte einen EM-Titel. **CHRISTIAN ZIEGE** war als flinker linker Außenbahnspieler lange Zeit gesetzt. Der Supertechniker **MARIO BASLER** kam, gemessen an seinem Können, nur zu wenigen Länderspielen, nämlich 30. Vielleicht lag es auch daran, dass er nicht die allerbeste Kondition hatte. Die hatte hingegen **DIETER EILTS**, obwohl auch seine Länderspielkarriere nicht allzu lang war. Der ballsichere Ostfriese gab bei der EM 1996 den unermüdlichen Dauerläufer und war einer der besten Spieler des Turniers.

MATTHIAS SAMMER überzeugte sowohl in der Nationalmannschaft der DDR als auch in der gesamtdeutschen BRD-Nationalmannschaft als dynamischer Antreiber. Höhepunkt in der Karriere des rothaarigen „Feuerkopfes" war der Gewinn der Europameisterschaft 1996. Eine Knieverletzung beendete seine Karriere. **DIETMAR HAMANN** ließ den Ball ruhig und souverän, aber immer auch etwas langsam zirkulieren. **JENS JEREMIES** zeigte sich stets als unermüdlicher Kämpfer. **STEFAN EFFENBERG** fiel im DFB-Dress vorwiegend mit giftigen Sprüchen und Gesten auf. Der Bayern-Supertechniker **MEHMET SCHOLL**

war viele Jahre von Mädchen umschwärmt. Vor großen Turnieren war er leider meist verletzt. Nur 1996 bei der EM war er dabei und wurde Europameister.

MARCO BODE, von dem man nie wusste, ob er nun Mittelfeldspieler oder Stürmer war, galt lange Zeit nur als zweite Wahl. Bei der WM 2002 zählte er dann zu den wertvollsten Spielern und bewies auch Torgefahr.

STEFAN KUNTZ und **OLIVER BIERHOFF**, der heutige Manager der Nationalmannschaft, wurden erst spät in die DFB-Auswahl berufen, holten dann aber den EM-Titel.

Marco Bode

Jens Jeremies

Stefan Effenberg

EM-Helden von 1996. Hinten von links: Markus Babbel, Oliver Bierhoff, Matthias Sammer, Stefan Reuter, Dieter Eilts, Thomas Helmer. Vorne von links: Christian Ziege, Jürgen Klinsmann, Andreas Köpke, Andreas Möller, Thomas Häßler.

Bundestrainer-Weisheiten

„Wenn ich über's Wasser laufe, dann sagen meine Kritiker, nicht mal schwimmen kann der."
Berti Vogts

„Für uns wäre es besser gewesen, wenn wir heute gewonnen hätten."
Erich Ribbeck

„Ich habe versucht, den Spielern das Gefühl zu geben, dass sie Fehler machen dürfen. Das haben sie bis auf wenige Ausnahmen gut gemacht."
Rudi Völler

SOMMER-MÄRCHEN UND JOGIS JUNGS

Die Nationalmannschaft 2005 – 2013

WM-Dritter 2006

Vize-Europameister 2008

WM-Dritter 2010

EM-Halbfinale 2012

2005/06 WM-Vorbereitung mit vielen Gegentoren

Jürgen Klinsmann, der überraschend zum Völler-Nachfolger berufen wurde, wollte die Nationalmannschaft auf die anstehende Heim-WM in Deutschland möglichst professionell vorbereiten. Daher führte er zahlreiche Neuerungen ein, etwa amerikanische Fitnesstrainer, einen Scout für die Gegneranalyse oder einen Psychologen. Nicht alle Experten sahen das positiv. Außerdem wurde er dafür kritisiert, dass er zu viele unerfahrene Spieler einsetzte und einen sehr riskanten Offensivfußball spielen ließ, der häufig zu vielen Gegentoren führte. Unter anderem zeigten das die Spiele beim Confederations Cup 2005. Da verlor das deutsche Team im Halbfinale gegen Brasilien mit 2:3 und gewann im Spiel um den 3. Platz gegen Mexiko nur knapp mit 4:3. Den Fans jedoch hatte der neue deutsche Hurra-Stil Spaß gemacht. Nach einer 1:4-Niederlage in einem als Härtetest angesetzten Spiel gegen Italien am 1. März 2006 glaubten jedoch auch die Optimisten nicht mehr, dass Klinsmanns Team eine Chance auf den WM-Titel haben könnte.

Erlösung in letzter Minute: Oliver Neuville trifft zum 1:0 gegen Polen.

WM 2006 Mit Begeisterung ins Viertelfinale

Deutschland, das sich als Gastgeber nicht hatte qualifizieren müssen, startete gegen Costa Rica wie erwartet in die WM: vorne hui, hinten pfui. Furiose Angriffe führten zu vier Toren, allerdings offenbarte die Abwehr bei zwei Gegentoren die bekannten Schwächen. Jürgen Klinsmann und sein Assistenztrainer Jogi Löw reagierten und ließen das Team fortan defensiver spielen. Tatsächlich brannte im zweiten Spiel gegen Polen hinten nichts mehr an, allerdings wollten nun vorne keine Tore mehr fallen. Erst kurz vor Schluss gelang dem eingewechselten Oliver Neuville auf Vorlage des ebenso neu ins Spiel gekommenen Flügelsprinters David Odonkor der erlösende Treffer zum 1:0. Das 3:0 gegen Ecuador im letzten Gruppenspiel und vor allem das souveräne 2:0 gegen Schweden im Achtelfinale ließen hoffen, dass das Team nun seine Balance gefunden hatte.

Achtelfinale gegen Schweden: Miroslav Klose gratuliert dem zweimaligen Torschützen Lukas Podolski.

Das offizielle Plakat der WM-Stadt Dortmund zur WM 2006 in Deutschland.

WM 2006 Elfmetertöter Lehmann

Gegen den Mitfavoriten Argentinien kam es im Viertelfinale zu einem ausgeglichenen, engen Spiel. Die Südamerikaner spielten zunächst stark auf und gingen nach einem Eckball in Führung. Die Deutschen drängten gegen den nun fast nur noch defensiv agierenden Gegner auf den Ausgleich. Doch erst zehn Minuten vor dem Abpfiff erzielte Miroslav Klose per Kopf das 1:1. Nach einer torlosen Verlängerung musste das Elfmeterschießen entscheiden. Oliver Kahn, der vor der WM seinen Stammplatz im Tor verloren hatte, wünschte seinem Nachfolger Jens Lehmann viel Glück. Und Torwarttrainer Andreas Köpke steckte ihm einen Zettel zu, auf dem das Schussverhalten aller Argentinier vermerkt war. Lehmann studierte vor jedem Schuss den Zettel, steckte ihn dann wieder in seinen Stutzen – und hielt zweimal den Ball. Deutschland gewann das Elfmeterschießen mit 4:2.

Der berühmte Zettel: Dank ihm hielt Lehmann im Elfmeterschießen gegen Argentinien gleich zweimal.

Sommermärchen

In den Stadien und auf den Fanmeilen herrschte vier Wochen lang bei prächtigem Wetter eine ungeheure Begeisterung. Im Ausland war man überrascht, wie toll die zuvor als etwas steif und griesgrämig geltenden Deutschen feiern können. Die WM war eine Werbung für friedliche Fußballfeste und ein fröhliches Deutschland. Es war einfach märchenhaft schön. Der Dokumentarfilm des Regisseurs Sönke Wortmann, der die deutsche Nationalmannschaft während der WM mit der Kamera begleitete, hieß dann auch *Deutschland. Ein Sommermärchen.*

Auf ihn mit Gebrüll: Nach dem Elfmeterschießen waren alle Spieler sofort bei Jens Lehmann. Von links: Metzelder, Odonkor, Lehmann, Frings, Friedrich, Neuville.

Weltmeister
der Herzen

Im Halbfinale gegen Italien offenbarte das deutsche Team Mängel im Spielaufbau. Es fehlte der Defensiv-Organisator Torsten Frings, der sich wegen eines Gerangels nach dem Argentinien-Spiel eine Sperre eingehandelt hatte. Die Italiener ließen kaum Torchancen zu und machten ihrerseits immer wieder gefährliche Vorstöße. Treffer wollten jedoch keine fallen, daher ging es erneut in die Verlängerung. In der 118. Minute mussten die inzwischen stark erschöpften und immer mehr wankenden Deutschen das 0:1 hinnehmen. Zum Aufbäumen fehlte ihnen jetzt die Kraft. Ein zweiter Treffer der Italiener kurz vor dem Abpfiff entschied das Spiel endgültig.

Die Enttäuschung war groß. Während die Italiener ins Endspiel einzogen, das sie gegen Frankreich – nach einem Platzverweis für dessen Superstar Zinedine Zidane – im Elfmeterschießen gewannen, blieb für Deutschland nur das „kleine Finale". Doch ein 3:1-Sieg gegen Portugal im Spiel um den 3. Platz sorgte für einen versöhnlichen Abschluss. In einem tollen Turnier mit großartiger Stimmung hatte sich eine deutsche Mannschaft, der zuvor kaum etwas zugetraut worden war, sehr gut präsentiert. Deutschland war zwar – zum dritten Mal nach 1934 und 1970 – „nur" WM-Dritter geworden, aber die deutschen Fans waren nicht enttäuscht. Sie feierten ihr sympathisches und spielfreudiges Team als „Weltmeister der Herzen".

Deutschland, ein Sommermärchen: Während der WM 2006 wurde überall in Deutschland, wie hier in Stuttgart, friedlich gefeiert.

Bastian Schweinsteiger – hier im Zweikampf mit Cristiano Ronaldo – glänzte mit zwei Treffern im kleinen Finale gegen Portugal.

Die schönsten WM-Sprüche

„Seine Wade ist noch nicht da, wo sie hin muss." *Jürgen Klinsmann zum Verzicht auf Michael Ballack im Eröffnungsspiel gegen Costa Rica*

„Der Miro ist seit Monaten in bestechlicher Form." *Jürgen Klinsmann nach dem 3:0-Sieg gegen Ecuador, bei dem Miroslav Klose zweimal traf*

„Die Gefühle sind mit mir Gassi gegangen." *Jürgen Klinsmann zu seiner Befindlichkeit beim Elfmeterschießen gegen Argentinien*

„So ist Fußball. Manchmal gewinnt der Bessere." *Lukas Podolski nach dem 0:2 im Halbfinale gegen Italien*

„Schweini" und „Poldi" feiern nach dem Sieg gegen Portugal im Viertelfinale.

EM 2008
Bergtour ohne Gipfel-Glück

Am 1. August 2006 trat der ehemalige Co-Trainer Jogi Löw die Nachfolge des ausgepowerten Jürgen Klinsmann an. Der Fußball-Tüftler, der schon seit 2004 der Hauptverantwortliche bei der Trainingsgestaltung und der taktischen Ausrichtung war, machte seine Arbeit gut. Deutschland qualifizierte sich mühelos für die EM 2008. Der Kader für das in den Alpenländern Österreich und Schweiz stattfindende Turnier wurde von Löw auf der Zugspitze, dem mit knapp 3000 Metern höchsten Berg Deutschlands, bekanntgegeben. Schließlich lautete das Motto für das Turnier „Bergtour". Genauso beschwerlich sei der Weg zum Titel, meinte Löw.

Es wurde eine Bergtour mit zwischenzeitlichen Abstiegen. In der Vorrunde gelang es dem deutschen Team, kampfstarke Polen mit 2:0 zu schlagen – es war der erste deutsche Sieg in einem EM-Spiel seit zwölf Jahren! Schon im nächsten Spiel aber folgte ein bitterer Rückschlag. Das 1:2 gegen Kroatien bedeutete, dass man das dritte Spiel gegen Österreich unbedingt gewinnen musste. Eine Menge Mühe, Kampfkraft und ein Freistoß-Hammer von Michael Ballack waren nötig, um ein knappes 1:0 gegen den EM-Gastgeber zu erreichen. Im Viertelfinale gegen Portugal konnten die Deutschen erstmals wirklich überzeugen und gewannen hochverdient mit 3:2. Das Halbfinale gegen die Türkei verlief turbulent und teilweise chaotisch. 0:1, 1:1, 2:1, 2:2, 3:2 lautete die Torfolge. Philipp Lahm erzielte erst in der Schlussminute den Siegtreffer.

Im Finale blieb Löws Team gegen das mit traumhafter Sicherheit vorgetragene Kurzpassspiel der Spanier nahezu chancenlos. Die 0:1-Niederlage war deutlicher, als es das Ergebnis vermuten lässt. Das spielerische Vermögen der deutschen Mannschaft reichte nicht, um gegen ein Spitzenteam wie Spanien bestehen zu können.

Neues Spielsystem

Das Viertelfinale gegen Portugal musste Jogi Löw in einer Kabine auf der Tribüne verfolgen, als Strafe für sein angeblich ungebührliches Benehmen beim Spiel gegen Österreich. Sein Assistent Hansi Flick betreute das Team auf der Bank. Das Wesentliche hatten die beiden aber natürlich vorab besprochen: nämlich die taktische Umstellung von einem System mit vier Mittelfeldspielern und zwei Stürmern (4-4-2) auf eines mit nur einem Stürmer und fünf Mittelfeldspielern (4-5-1). Tatsächlich wurde das deutsche Spiel durch die Umstellung wesentlich flexibler.

Halbfinale gegen die Türkei: Philipp Lahm erzielt den entscheidenden Treffer zum 3:2.

AUSSORTIERTE ALTSTARS UND UMBRUCH

Bernd Schneider

Von den Stammspielern des „Sommermärchen"-Teams von 2006 war **BERND SCHNEIDER**, der „Schnicks" mit den balltechnischen Fertigkeiten eines Brasilianers, verletzungsbedingt bereits bei der EM 2008 nicht mehr dabei. Nach der EM beendete der multinationale Flügelflitzer **OLIVER NEUVILLE**, der auch für die Schweiz (sein Geburtsland) oder Italien (Herkunft der Mutter) hätte antreten können, seine Karriere. Im Verlauf eines von Bundestrainer Löw

eingeleiteten Umbruchs schieden dann noch weitere ältere Spieler aus. Torwart **JENS LEHMANN** besaß die fußballerischen Fähigkeiten, um als letzter Mann auch mal wie ein Libero zu spielen. Der Innenverteidiger **CHRISTOPH METZELDER**, dessen Stern bei der WM 2002 aufgegangen war, erledigte seinen Job so cool, dass ihn das große Real Madrid verpflichtete. **ARNE FRIEDRICH** galt oft als zweite Wahl in der Verteidigung, war aber von 2004 bis 2010 bei allen Turnieren immer Stammspieler. **TORSTEN FRINGS**, genannt „der Lutscher", war im defensiven Mittelfeld das Herz des deutschen Spiels und galt bis 2009 als schier unverzichtbar. Er war der wichtigste Assistent und Kumpel von **MICHAEL BALLACK**, der zehn Jahre lang als einziger deutscher Weltklasse-Spieler galt. Der langjährige Kapitän war nicht nur der torgefährlichste Mittelfeldspieler seiner Zeit, sondern auch ein willensstarker Anführer. Wegen einer Verletzung konnte er nicht mit zur WM 2010, dann erhielt er nach langem Hin und Her keine Berufung mehr.

Jens Lehmann

Christoph Metzelder

Arne Friedrich

Oliver Neuville

Michael Ballack und Torsten Frings: Die Leitwölfe werden nach der EM 2008 aussortiert.

WM 2010 Wembley verkehrt

Die Qualifikation zur WM 2010 gelang ohne Stolperer. Ein 1:0-Sieg in Russland bedeutete bereits im vorletzten Spiel den Gruppensieg. Das deutsche Team reiste ohne den verletzten Kapitän Michael Ballack nach Südafrika und startete mit einem schön anzusehenden 4:0 gegen Australien verheißungsvoll in das Turnier. Leider folgte darauf wie bei der EM zwei Jahre zuvor wieder ein schlechter Auftritt, diesmal gegen Serbien: Lukas Podolski verschoss einen Elfmeter, Miroslav Klose sah die Gelb-Rote Karte und am Ende verlor man 0:1. Deshalb herrschte im letzten Gruppenspiel gegen Ghana das große Zittern. Mesut Özil schoss in der 60. Minute das erlösende 1:0, das zugleich den Endstand und das Weiterkommen bedeutete.

Im Achtelfinale stand wieder einmal der Klassiker gegen England auf dem Programm. Deutschland löste die Aufgabe völlig locker, begeisterte mit überfallartigen Angriffen und tollen Ballstafetten. Nach der schnellen 2:0-Führung und dem Anschlusstor der Engländer war auch ein wenig Glück im Spiel. Als Frank Lampard abzog, prallte der Ball von der Latte ab und landete klar hinter der Torlinie. Es hätte 2:2 stehen müssen. Der Schiedsrichter aber gab das Tor nicht, so dass später alle deutschen Zeitungen von der „Rache für Wembley" schrieben. Gemeint war das WM-Finale 1966, als der Ball beim 3:2 der Engländer nicht hinter der Linie war, aber dennoch als Treffer gewertet worden war. Zwei weitere Tore von Thomas Müller in der zweiten Halbzeit sorgten dann aber dafür, dass über die Sache nicht allzu lange diskutiert wurde. An diesem Tag war Deutschland einfach klar besser.

Das offizielle Plakat zur WM 2010 in Südafrika.

Auch von John Terry nicht zu stoppen: Thomas Müller traf gegen England gleich zweimal.

Klatsche für die Argentinier

Mit dem Spiel gegen Argentinien stand im Viertelfinale ein weiterer Länderspiel-Klassiker an. Kaum jemand hätte darauf gewettet, dass dieses Spiel erneut eine klare Angelegenheit für das deutsche Team werden würde. Doch der junge Thomas Müller – er wurde später zum besten Nachwuchsstar der WM gekürt –, zweimal Alt-Torjäger Miroslav Klose und Verteidiger Arne Friedrich mit seinem ersten Länderspieltor krönten eine der besten Leistungen, die jemals von einem deutschen Team zu sehen war, mit vier Toren. Weltweit schwärmten die Fußballexperten und die Fans nach diesem berauschenden 4:0 von der jungen deutschen Elf, die mit rasanten Traumkombinationen das Fußball-Schwergewicht Argentinien um Superstar Lionel Messi an die Wand gespielt hatte. Nach diesem überwältigenden Sieg schien für Deutschland nun endlich auch wieder ein Titelgewinn möglich.

Perfekte Ausführung: Kloses Salto nach dem 2:0 gegen Argentinien.

Erneut harmlos gegen Spanien

Doch Jogis Jungs hatten im Viertelfinale ganz offensichtlich ihr Pulver verschossen. Im Halbfinale fanden sie erneut in Spanien ihren Meister. Hatte es gegen Argentinien Chancen im Minutentakt gegeben, so ließen die hervorragend organisierten Spanier nur eine einzige Großchance für das deutsche Team zu, die Toni Kroos in der 69. Minute vergab. Nur vier Minuten später köpfte Carles Puyol bei einer der zahlreichen Chancen der Spanier zum spielentscheidenden Tor ein. So blieb Deutschland wie 2006 statt dem großen nur das kleine Finale. Es wurde ein munteres Spiel gegen Uruguay, das mit einem 3:2-Sieg und dem 3. Platz endete. In einem äußerst hart geführten Endspiel um die WM-Krone setzte sich Spanien mit 1:0 gegen die Niederlande durch.

Wieder 0:1 gegen Spanien! Der spanische Torschütze Carles Puyol tröstet Bastian Schweinsteiger.

Kaum zu stoppen war Mario Götze im Freundschaftsspiel gegen Brasilien. Hier erzielt er gleich das 2:0.

Mit Siegesserie zur
EM 2012

Zehn Spiele musste die deutsche Mannschaft auf dem Weg zur EM in Polen und der Ukraine bestreiten. Keiner der fünf Gegner – Türkei, Österreich, Belgien, Kasachstan und Aserbaidschan – schaffte gegen die DFB-Auswahl auch nur ein Unentschieden. Schon nach dem achten Spiel, einem 6:2 gegen Österreich, waren Jogis Jungs vorzeitig für die EM 2012 qualifiziert. Auch die letzten beiden Spiele endeten siegreich, so dass Deutschland als einzige Mannschaft alle zehn Spiele gewonnen hatte. Eine derart gute Qualifikation hatte noch keine DFB-Auswahl hingelegt.

Auch in Freundschaftsspielen zeigte das deutsche Team einige herausragende Leistungen. Im August 2011 glänzte insbesondere Mario Götze bei einem brillant herausgespielten 3:2-Sieg gegen Brasilien, das damit erstmals seit 18 Jahren wieder besiegt werden konnte. Im November folgte ein überragendes 3:0 gegen die Niederlande, der erste Sieg seit 15 Jahren in diesem Klassiker.

EM 2012
„Todesgruppe" in der Ukraine

Bei der Auslosung der Vorrundengruppen für die EM hatte Deutschland diesmal nicht das sonst typische Losglück. Für die Spiele in den ukrainischen Städten Lemberg und Charkiw wurden mit Portugal, den Niederlanden und Dänemark ausnahmslos schwere Brocken gezogen. Einige Experten sprachen gar von einer „Todesgruppe". Jogi Löws Mannschaft konnte die schwere Aufgabe dennoch scheinbar makellos

lösen: Sie wurde mit drei Siegen Gruppenerster und blieb als einziges Team überhaupt in der Vorrunde ohne Punktverlust. Doch so überlegen, wie es diese Zahlen ausdrücken, war die deutsche Elf nicht. Im ersten Spiel war etwas Glück nötig, um die starken Portugiesen mit 1:0 zu schlagen. Erst in der 72. Minute erwischte der bis dahin

Die Erlösung: Lars Bender trifft zum 2:1 gegen Dänemark.

nicht besonders auffällige Mario Gomez eine abgefälschte Flanke Sami Khediras und köpfte zum erlösenden 1:0 ein.

Der Siegtorschütze hatte dann im zweiten Spiel gegen die Niederländer seinen großen Auftritt. In der 24. Minute nahm er den Ball nach einem Traumpass von Schweinsteiger mit links an, drehte eine Pirouette und verwandelte cool mit rechts. Auch dem 2:0 in der 38. Minute ging ein Pass von Schweinsteiger voraus, Gomez hämmerte die Kugel ins lange Eck. Danach ließ die Löw-Elf, die in diesem Spiel mit hohem Tempo, perfekter Taktik und toller Technik überzeugte, nicht mehr viel anbrennen. Robin van Persies Anschlusstreffer in der 73. Minute kam zu spät, um das Spiel noch zu drehen. Keine tolle Vorstellung gelang im letzten Vorrundenspiel gegen Dänemark, obwohl Lukas Podolski in seinem 100. Länderspiel früh zur Führung ins Netz traf. Die starken Dänen schafften nach einem Eckball den Ausgleich. Erst in der 80. Minute dann die Entscheidung: Nach einem Konter verwandelte Lars Bender, der als Ersatz für den gesperrten Boateng in die Startelf gekommen war, einen perfekten Steilpass von Mesut Özil zum 2:1. Spieler wie Fans durften sich nun berechtigte Hoffnungen machen, dass Deutschland erstmals seit 1996 wieder reif sein könnte für einen EM-Titel. Zumal ja auch noch einige Trümpfe auf der Bank saßen: Mario Götze und Marco Reus etwa, die bis dahin noch gar nicht zum Einsatz gekommen waren.

Gut gemacht! Deutscher Jubel nach Gomez' Treffer zum 1:0 gegen die Niederländer.

Vorrunden-Aufreger 2
Im Spiel gegen die Ukraine konnte der englische Verteidiger John Terry einen Ball erst hinter der Torlinie wegschlagen. Weil das der Torrichter nicht sah, wurde kein Treffer gegeben. Die FIFA beschloss daher wenig später, künftig eine technische Überwachung der Torlinie zu erlauben.

Den Torreigen gegen die Griechen schließt Marco Reus mit einem herrlichen Weitschuss zum 4:1 ab.

EM 2012
Torfestival gegen die Griechen

Zum Viertelfinale stellte Jogi Löw sein Team um. Gomez, Podolski und Müller blieben auf der Bank, dafür stürmten Klose, Reus und Schürrle. Es war eine gute Entscheidung. Die neuformierte Elf überrannte ein extrem defensives, aber dennoch chancenloses Team aus Griechenland mit 4:2. Die deutschen Tore waren allesamt schön anzuschauen, als Vollstrecker traten auf: Philipp Lahm, Sami Khedira, Miroslav Klose und Marco Reus. Dass die Griechen ihrerseits zu zwei Treffern kamen, war ein kleiner Schönheitsmakel. Trotzdem glaubte kaum jemand, dass man sich wegen deutscher Defensivschwächen allzu große Sorgen machen müsste. Mit diesem 15. Pflichtspielsieg in Serie stellte die deutsche Nationalmannschaft zugleich einen neuen Rekord auf. Sie schien nun endlich richtig in Form zu sein und bereit für den Sturm auf den EM-Titel.

Das offizielle Plakat zur EM 2012 in Polen und der Ukraine.

Wieder mal raus
gegen Italien

Im ersten Halbfinale setzte sich Spanien gegen Portugal knapp durch: Es war ein enges, torloses Spiel, bei dem die besseren Nerven im Elfmeterschießen den Ausschlag gaben. Nun schien alles auf eine Neuauflage des Finales von 2008 hinauszulaufen. Deutschland wollte unbedingt Revanche nehmen für die bei den vorhergehenden Turnieren erlittenen Niederlagen. Aber vorher galt es noch, im Halbfinale die unberechenbaren Italiener zu schlagen. Jogi Löw hatte auch dafür wieder einen Plan. Er bot Toni Kroos auf, der die Kreise des Spielmachers Andrea Pirlo stören sollte. Überraschend durften auch Podolski und Gomez ran. Die gegen Griechenland überzeugenden Reus, Schürrle und Klose mussten auf die Bank.

In der Anfangsphase war die DFB-Elf die bestimmende Mannschaft und erarbeitete sich einige Chancen zur Führung. Doch dann zeigte sich, dass die deutsche Taktik nicht aufging. Weil sich Kroos zu sehr in die Mitte orientierte, taten sich auf der rechten Abwehrseite Lücken auf. Und als dann nacheinander Boateng, Hummels und Khedira den Italiener Cassano nicht am Flanken hindern konnten, war es in der 20. Minute so weit: Der wuchtige Mittelstürmer Mario Balotelli setzte sich von Holger Badstuber ab und köpfte unhaltbar für Manuel Neuer ein. Das deutsche Team mühte sich anschließend um den Ausgleich,

Entsetzt und ratlos: Jogi Löw und Assistent Hansi Flick können nicht fassen, was im Spiel gegen Italien geschieht.

doch weder Özil, Kroos und Podolski noch Khedira konnten ihre Chancen nutzen. Zudem blieben die Italiener gefährlich – und schafften in der 36. Minute sogar einen zweiten Treffer. Montolivos tödlicher Pass durchschnitt die orientierungslose deutsche Abwehr, Philipp Lahm kam gegen Balotelli zu spät, und der drosch den Ball mit Vollspann ins rechte Toreck.

Zur Pause reagierte Jogi Löw mit einem Doppelwechsel: Reus und Klose kamen für Gomez und Podolski. Tatsächlich spielte die deutsche Mannschaft nun schneller und drängte zielstrebiger vors italienische Tor. Aber immer wieder brachte ein Italiener sein Bein dazwischen, oder Torhüter Buffon war auf dem Posten. Löw brachte dann auch noch Thomas Müller. Verzweifelt rannte die DFB-Elf an, doch die besseren Chancen hatten nun die Italiener bei gefährlichen Kontern. Schließlich gelang Mesut Özil in der Nachspielzeit per Handelfmeter noch der Anschlusstreffer, aber für eine Wende war es da bereits zu spät. Deutschland verlor 1:2 und war raus.

Im Finale zeigten schließlich die Spanier, die bis dahin in keinem Spiel ihr brillantes Können abgerufen hatten, dass sie immer noch das Maß aller Dinge waren. Sie ließen die Italiener kaum einmal an den Ball und gewannen überlegen mit 4:0.

Auf nach Brasilien
In der Europa-Qualifikationsgruppe C für die WM 2014 wurden der DFB-Elf folgende Gegner zugelost: die Färöer, Kasachstan, Österreich und Schweden. Gegen alle hat man bereits Erfahrungen in früheren Qualifikationsrunden sammeln können. Probleme hat es nie gegeben, so waren also auch jetzt keine größeren Schwierigkeiten zu erwarten.

Mario Balotelli wirft sich nach seinem 2:0 in Triumphpose – Philipp Lahm ist bedient.

DIE STARS VON HEUTE

Marc-André ter Stegen

René Adler

MANUEL NEUER, seit 2011 die Nummer 1 beim FC Bayern, schaffte durch seine tollen Paraden bei Schalke 04 den Sprung ins Tor der Nationalelf. Er gilt als einer der Weltbesten zwischen den Pfosten und ist als Nummer 1 unangefochten. Neuer ist reaktionsschnell und fangsicher, er hat ein gutes Auge und glänzt außerdem mit einer extrem schnellen Spieleröffnung durch weite Abwürfe. Hinter Neuer stehen weitere Klassekeeper bereit. Der coole Fangkünstler **RENÉ ADLER**, der schon einmal die Nummer 1 war, greift nach langer Verletzungspause und tollem Comeback beim HSV wieder an. Der Gladbacher Borusse **MARC-ANDRÉ TER STEGEN** ist ebenso wie der Hannoveraner **RON-ROBERT ZIELER** ein junger, souveräner und moderner Keeper. Beide sind fußballerisch und in der Spieleröffnung stark – und können Neuer vielleicht schon bald Konkurrenz machen.

Der manchmal etwas ungelenk wirkende **PER MERTESACKER**, heute beim FC Arsenal in London unter Vertrag, zählt seit Jahren zum Stamm der Nationalmannschaft. Sein gutes Auge ermöglicht es ihm, stets ruhig und bedächtig zu spielen. Ein Fehler passiert ihm selten. Da er fast 2 Meter groß ist, kann er jeden Ball zuverlässig aus der Gefahrenzone köpfen.

Per Mertesacker

Jérôme Boateng

HOLGER BADSTUBER steht ruhig wie ein Fels im Abwehrzentrum. Mit seinem starken linken Fuß eröffnet er Angriffe mit punktgenauen Pässen. Der Sohn des Trainers Hermann Badstuber wurde in der Jugend des FC Bayern ausgebildet, genauso wie **MATS HUMMELS**, mit dem er in der Nationalelf die Innenverteidigung bildet. Hummels ist nach seinem Wechsel zu Borussia

Eine der großen Stärken von Manuel Neuer: präzise Abwürfe.

Innenvertei-
diger-Duo in
Aktion: Holger
Badstuber und
Mats Hummels.

Marcel Schmelzer

Benedikt Höwedes

Dortmund unter Meistertrainer Jürgen Klopp zu einem Defensivmann der Extraklasse herangereift. Er kann fast schon prophetisch Spielsituationen vorausahnen und glänzt mit klugem und fehlerlosem Aufbauspiel.

Auch der Bayernspieler **JÉRÔME BOATENG** ist ein Innenverteidiger von Format – schnell, ballsicher und zweikampfstark. Wenn es sein muss, kann er aber auch als Außenverteidiger einen guten Job machen. Gleiches gilt für den Schalker Kapitän **BENEDIKT HÖWEDES** und den Hamburger **HEIKO WESTERMANN**. Beide sind keine überragenden Filigrantechniker, erledigen ihre Aufgaben aber zuverlässig, zweikampfstark und mit nie nachlassender Energie.

Der kleine Abwehrspieler **PHILIPP LAHM** ist Kapitän und seit Jahren einer der beständigsten Nationalspieler. Lahm hat kaum Schwächen: Obwohl er mit dem rechten Fuß stärker ist, kann er auch auf der linken Abwehrseite eingesetzt werden.

MARCEL SCHMELZER wurde mit der U21 bereits Europameister. Der Linksverteidiger vom BVB rennt unermüdlich an der Seitenlinie rauf und runter.

Kapitän Philipp Lahm
ist einer der besten
Außenverteidiger der
Welt.

DIE STARS VON HEUTE

BASTIAN SCHWEINSTEIGER, aufgewachsen im oberbayerischen Kolbermoor, ist ein athletischer und ballgewandter Mittelfeldspieler. In der Nationalmannschaft spielte er eine Zeit lang mit Lukas Podolski als Flügelspieler so gut zusammen, dass die Fans vom Duo „Schweinski" schwärmten. Heute ist „Schweini" als „Sechser" der Chef im defensiven Mittelfeld. Er steht im Zentrum, wenn es um die Balleroberung geht, und wird bei Ballbesitz zum ersten Ballverteiler und Taktgeber. Wenn er fit ist, ist er absolut unumstritten und der anerkannte Anführer der Nationalelf. Neben Schweinsteiger spielt als zweiter „Sechser" im defensiven Mittelfeld oft **SAMI KHEDIRA**. Einst in Stuttgart ausgebildet, hat es der Mann mit tunesischen Wur-

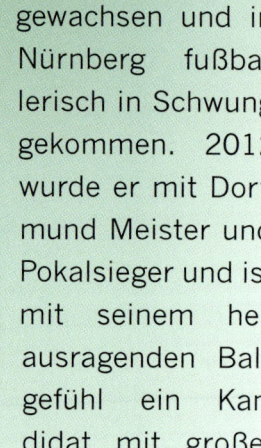

Ilkay Gündogan

zeln zum Stammspieler bei Real Madrid gebracht. Oft fällt er gar nicht so sehr auf, aber mit seinem klugen Stellungsspiel und seinen sicheren Pässen zieht er die Fäden im Mittelfeld. **ILKAY GÜNDOGAN** ist in Gelsenkirchen aufgewachsen und in Nürnberg fußballerisch in Schwung gekommen. 2012 wurde er mit Dortmund Meister und Pokalsieger und ist mit seinem herausragenden Ballgefühl ein Kandidat mit großer Zukunft auf dieser Position.

Der aus Oberbayern stammende **SVEN BENDER** begann seine Karriere zusammen mit seinem Bruder **LARS** in der 2. Liga beim TSV 1860 München. Heute überzeugen die Zwillinge als Spezialisten im defensiven Mittelfeld in Dortmund bzw. Leverkusen. Zu ihren Stärken gehören Ballsicherheit und spielerische Übersicht. In der Nationalmannschaft haben sie gute Perspektiven – nicht zuletzt deswegen, weil sie

Sven und Lars Bender

Bastian Schweinsteiger, der deutsche Antreiber Nr. 1.

auf verschiedenen Positionen flexibel einsetzbar sind.

Mit toller Technik und gefährlichen Freistößen glänzt der junge **TONI KROOS**, der nach einer Lehrzeit in Leverkusen seit 2010 wieder im Trikot der Bayern antritt. Kroos kann im Mittelfeld sowohl offensiv als auch defensiv spielen. Am besten aber, meint Jogi Löw, sei er auf einer Position dazwischen – nämlich als „Zwischenspieler".

Der seit 2010 in Madrid für die „Königlichen" zaubernde **MESUT ÖZIL** ist ein Virtuose am Ball. Er kann die entscheidenden Bälle genau getimt in die Spitze spielen. Dabei setzt er seine herausragende Technik selten spektakulär ein, sondern spielt die

scheinbar einfachen Bälle wirksam und perfekt.

Als Alternativen im Mittelfeld hat Jogi Löw den klugen Aufbauspieler **RO-MAN NEUSTÄDTER** von Schalke 04 sowie den technisch herausragenden Kreativspieler **LEWIS HOLTBY** im Auge. Letzterer spielt seit Anfang 2013 für Tottenham Hotspur.

Sami Khedira, Antreiber Nr. 2.

Der mit dem Ball tanzt: Mesut Özil.

DIE STARS VON HEUTE

MIROSLAV KLOSE wechselte 2011 vom FC Bayern nach Italien zu Lazio Rom. Im Februar 2013 lag er in der Torjägerliste der deutschen Nationalspieler nur noch einen Treffer hinter dem bisherigen Rekordhalter Gerd Müller (68 Tore). Als WM-Torschütze hat er ihn mit insgesamt 14 Treffern 2010 schon eingeholt. Außerdem ist der WM-Torschützenkönig von 2006 (5 Treffer) der erste Spieler, dem bei drei Weltmeisterschaften jeweils mindestens vier Tore gelangen. Kloses Markenzeichen sind gefährliche Kopfbälle. Besonders wichtige Tore feiert der in Polen geborene „Miro" gerne mit einem Salto. Weil er zudem auch im offensiven Kombinationsspiel immer überzeugt, ist er bei der Nationalmannschaft schon viele Jahre gesetzt.

MARIO GOMEZ ist mit 35 Mio. Euro Ablöse der bis heute teuerste Bundesliga-Stürmer. Nach einer gewissen Anlaufzeit schaffte der kantige und athletische Angreifer 2010/11 bei den Bayern den Durchbruch und wurde mit 28 Treffern Bundesliga-Torschützenkönig. Auch in der Nationalelf brauchte er etwas länger, um rundum anerkannt zu sein. Bei der EM 2008 vergab er viele Torchancen, dann traf er immer besser. Niemand zweifelt mehr an seiner Klasse.

LUKAS PODOLSKI ist schon lange dabei. Der auf der linken Seite beheimatete Stürmer von Arsenal London verfügt über eine kraftstrotzende Dynamik sowie einen furchterregend harten (Links-)Schuss. Seit seinem Debüt im Jahr 2004 hat kein anderer so oft ins Tor getroffen wie er. Inzwischen muss der beste Nachwuchsspieler der WM 2006 jedoch um seinen Stammplatz fürchten. Die Konkurrenz im Sturm ist größer geworden. Und das nicht erst seit 2012, als der junge Schalker **JULIAN DRAXLER**,

Deutscher Stürmer mit spanischen Wurzeln: Mario Gomez.

Auf Rekordjagd: Miroslav Klose.

Lukas Podolski

André Schürrle

Julian Draxler

der mit Tempodribblings und perfekter Schusstechnik begeistert, sein Debüt in der Nationalelf gab.

Dauerläufer **THOMAS MÜLLER** hat ein Gefühl für die richtigen Laufwege und einen tollen Torinstinkt. 2009/10 stieg er von der 2. Bayern-Mannschaft im Eiltempo zum Topspieler auf. Bei der WM 2010 in Südafrika wurde er nicht nur bester Nachwuchsspieler, sondern mit fünf Treffern und drei Torvorlagen auch Torschützenkönig.

Der aus Dortmund stammende **MARCO REUS** spielt seit 2012/13 für die Borussia seiner Heimatstadt. Seinen großen Durchbruch schaffte er bei der anderen Borussia aus Mönchengladbach. Reus kann gut kombinieren und genaue Vorlagen geben. Noch mehr begeistert er aber als Solist mit unnachahmlichen Dribblings, Sprints und Torschüssen.

MARIO GÖTZE, der Jungstar vom BVB, gilt als eines der größten Talente im deutschen Fußball. Der Allgäuer, Jahrgang 1992, kam im November 2009 im Alter von 17 Jahren und fünf Monaten zu seinem ersten Einsatz in der Bundesliga. Inzwischen ist der schlitzohrige Spielgestalter mit den großen technischen und taktischen Fähigkeiten fest im Kader der Nationalmannschaft.

Flink, schnell und vor allem als Einwechselspieler torgefährlich

ist **ANDRÉ SCHÜRRLE**. Der Stürmer von Bayer Leverkusen hält die gegnerischen Abwehrreihen stets auf Trab, besondere Qualitäten zeigt er bei blitzartig vorgetragenen Kontervorstößen.

Jubeln am liebsten zusammen: Marco Reus und Mario Götze.

Thomas Müller: schnell und quirlig.

RUND UM DIE NATIONAL-MANNSCHAFT

Die Macht des Fußballs

FIFA *(Welt-Fußballverband):*
208 nationale Mitgliedsverbände

UEFA *(europäischer Fußballverband):*
53 nationale Mitgliedsverbände

DFB *(Deutscher Fußball-Bund):*
6,8 Millionen Mitglieder, 180.000 Mannschaften (Männer, Frauen, Jugend) in 26.000 Vereinen

Trikots

Schwarz und Weiß, die klassischen Farben des alten Königreichs Preußen, sind seit jeher auch die Farben der deutschen Nationalmannschaft. Bei ihren Heimspielen tritt sie bis heute mit wenigen Ausnahmen in weißen Trikots und schwarzen Hosen an. Lediglich das Design der Trikots änderte sich alle paar Jahre. In den 1950er Jahren zum Beispiel hatten sie einen Schnürkragen, die Ränder waren mit einem schwarzen Streifen abgesetzt. In neuerer Zeit kamen Aufdrucke in den Deutschland-Farben Schwarz-Rot-Gold hinzu. Auf der linken Seite der Brust ist das DFB-Logo mit dem Bundesadler angebracht. Darüber prangen seit 1996 die drei Meistersterne als Symbol für die drei gewonnenen WM-Titel (1954, 1974 und 1990). Auswärts spielt die Nationalelf manchmal in Grün, Rot oder Schwarz.

Nationalspieler Günter Herrmann im typischen Schnürtrikot der 1950er Jahre.

Rückennummern

Noch bei der WM 1950 in Brasilien gab es keine festen Rückennummern. Die Nummern 1 (Torwart) bis 11 (Linksaußen) wurden bei jedem Spiel neu an die Spieler vergeben, die auch tatsächlich eingesetzt wurden. Bei der WM 1954 erhielt dann jeder Spieler zum Turnierstart eine eigene Nummer. Der deutsche Kader war also durchnummeriert von der Nummer 1 (Turek) bis zur Nummer 22 (Kwiatkowski). Helmut Rahn hatte die Nummer 12, Fritz Walter die Nummer 16.

Seit der WM 1978 sind die Rückennummern im Kleinformat auch auf die Vorderseite der Hosen gedruckt. Spielernamen auf den Rückseiten der Trikots gab es erstmals zur EM 1992. Gleichzeitig wurde auch die Trikot-Vorderseite mit Nummern ausgestattet.

1980 gab es noch keine Spielernamen auf den Trikots. So kann man nur erahnen, dass hier Hansi Müller, Karl-Heinz Förster und Manfred Kaltz die Freistoßmauer bilden.

Ausrüster

Bei der WM 1954 hatte die Auswahl des Bundestrainers Sepp Herberger mit Erich Deuser nicht nur einen professionellen Masseur dabei, sondern auch einen Zeugwart. Der hieß Adolf Dassler und war vor allem für die erstmals eingesetzten Schraubstollen-Schuhe zuständig. Es heißt, diese seien im Endspiel gegen die Ungarn, als der Platz sehr nass war, ein Vorteil gewesen. Adidas, die Firma des damaligen Zeugwarts, ist seitdem Ausrüster des DFB. Auf den Trikots prangt heute immer noch das Adidas-Logo, allerdings nicht mehr auf jedem Schuh. Seit dem 2. September 2006 ist es Nationalspielern erlaubt, Fußballschuhe anderer Firmen zu tragen.

Manfred Drexler, ehemaliger Bundesliga-Profi, war von 1985 bis 2012 der Adidas-Serviceman bei der Nationalmannschaft. Hier prüft er zusammen mit Jens Lehmann das Schuhwerk (2006).

Vereine mit den meisten Nationalspielern

(in Klammern: Einsätze, Stand: 6.2.2013)

1. Bayern München   84 (1.881)
2. Hamburger SV   50 (517)
3. Borussia Dortmund   48 (607)
4. VfB Stuttgart   43 (607)
5. FC Schalke 04   43 (520)
6. 1. FC Köln   42 (799)
7. Werder Bremen   41 (577)
8. 1. FC Nürnberg   37 (239)
9. Borussia M'gladbach   35 (447)
10. Bayer Leverkusen   32 (482)

Bayerische Nationalspieler unter sich: Holger Badstuber, Bastian Schweinsteiger, Philipp Lahm und Thomas Müller. Der FC Bayern stellt bis heute die meisten deutschen Nationalspieler.

Deutsche Vereine und **Legionäre**

Bundesliga-Vereine stellen bis heute den Großteil der deutschen Nationalspieler. Die mit Abstand meisten Nationalspieler kamen bisher von Bayern München. Auch im Ausland beschäftigte Profis wie die beiden „Madrilenen" Mesut Özil und Sami Khedira laufen für die Nationalmannschaft auf. Früher war das anders. Da wurden nur Spieler in die Nationalmannschaft berufen, die als Amateure bei einem deutschen Verein unter Vertrag standen. Sogenannte Legionäre – also deutsche Spieler, die als Profis im Ausland kickten – hatten beim DFB keine Chance. Im Nationaltrikot auflaufen durften nur „ehrenhafte" Spieler – also solche, die in der Heimat kickten und mit dem Fußball kein Geld verdienten.

Legionäre von heute: Sami Khedira (links) und Mesut Özil (rechts) spielen beide bei Real Madrid. Im Halbfinale der Champions League 2011/12 gegen die Bayern trafen sie auf ihren Nationalmannschaftskollegen Bastian Schweinsteiger.

Der erste Legionär im **Nationaltrikot**

Das war Anfang der 1960er Jahre der Italien-Profi Horst Szymaniak. Danach folgten weitere Italien-Legionäre wie Helmut Haller oder Karl-Heinz Schnellinger. 1990, als sieben Spieler des WM-Kaders im Ausland kickten, war es ganz normal, die besten Spieler zu berufen, egal wo sie spielten und wie viel sie verdienten.

Helmut Haller beim italienischen Erstligisten FC Bologna im Jahr 1966.

Horst Szymaniak, hier im Dress des italienischen Vereins Catania Calcio, war der erste deutsche Nationalspieler, der im Ausland spielte.

1952 – 1990
Die DDR-National-mannschaft

Die Geschichte der Nationalmannschaft der Deutschen Demokratischen Republik (DDR) begann im Jahr 1952, als das Land in die FIFA aufgenommen wurde. Im selben Jahr gab es auch das erste offizielle Länderspiel. Am 21. September 1952 unterlag die Auswahl des DFV, des Fußballverbandes der DDR, in Warschau der polnischen Nationalmannschaft mit 0:3. Ihr berühmtestes Spiel trug die DDR-Nationalmannschaft bei ihrer einzigen WM-Teilnahme 1974 aus, als sie die Mannschaft der BRD durch ein Tor von Jürgen Sparwasser mit 1:0 schlug. Es blieb das einzige Spiel zwischen beiden deutschen Mannschaften. Für die Qualifikation zur EM 1992 waren beide Teams in dieselbe Gruppe gelost. Die DDR wurde jedoch nach der Wiedervereinigung der beiden deut-

schen Staaten aus dem Wettbewerb genommen.

Das letzte Spiel der DDR-Auswahl fand am 12. September 1990 statt. Sie gewann in Brüssel gegen Belgien durch zwei Tore von Kapitän Matthias Sammer mit 2:0. Am 3. Oktober 1990 wurde die deutsche Einheit vollzogen. Aus dem aufgelösten Deutschen Fußball-Verband der DDR entstand der Nordostdeutsche Fußball-Verband. Er trat dem DFB als neuer Regionalverband am 21. November 1990 bei.

Die erste gesamtdeutsche Mannschaft lief am 19. Dezember 1990 in Stuttgart zu einem Freundschaftsspiel gegen die Schweiz auf, das mit 4:0 gewonnen wurde. Im deutschen Team standen mit Matthias Sammer und Andreas Thom zwei Spieler der ehemaligen DDR-Nationalmannschaft. Eine Länderspielkarriere in zwei Hälften vollbrachte Ulf Kirsten: In 49 Spielen für die DDR traf er 14-mal, dann in 51 Länderspielen für die BRD 20-mal.

Die siegreiche DDR-Elf im WM-Spiel 1974 gegen die BRD. Von links: Bransch, Croy, Sparwasser, Kreische, Irmscher, Kische, Weise, Lauck, Wätzlich, Kurbjuweit, Hoffmann.

Erfolge der
DDR-Auswahl

Der junge Matthias Sammer schoss 1990 im letzten Länderspiel der DDR gegen Belgien beide Treffer zum 2:0-Erfolg.

Die Auswahl der DDR feierte ihre größten Erfolge in den 1970er Jahren unter dem Trainer Georg Buschner. In diese Zeit fallen nicht nur die WM-Teilnahme von 1974 und der historische Sieg gegen die BRD, sondern auch eine Bronze- und eine Goldmedaille bei den Olympischen Spielen. Auf den 3. Platz 1970 in München folgte 1976 in Montreal der große Triumph. Buschners Team gewann im Olympia-Finale vor über 70.000 Zuschauern durch Tore von Schade, Hoffmann und Häfner mit 3:1 gegen Polen. Der Sieg war umso bemerkenswerter, da bei der polnischen Mannschaft etliche Stars wie Deyna, Szarmach und Lato dabei waren, die zwei Jahre zuvor bei der WM so toll aufgespielt hatten. Aber auch die DDR war damals sehr gut besetzt. Unter den Olympiasiegern waren sechs Spieler, die bereits zwei Jahre zuvor beim 1:0 im WM-Spiel gegen die BRD mitgewirkt hatten: Croy, Hoffmann, Kurbjuweit, Bransch, Weise und Kische. In dieselbe Zeit fällt übrigens auch der größte Erfolg des DDR-Vereinsfußballs. Der 1. FC Magdeburg, der Verein des Torjägers Jürgen Sparwasser, gewann 1974 das Finale des Europapokals der Pokalsieger mit 2:0 gegen den AC Mailand.

Daten zur National-mannschaft der DDR

Bilanz (1952 – 1990):
293 Spiele, 138 Siege, 69 Unentschieden, 86 Niederlagen

Größte Erfolge:
Bronzemedaille Olympische Spiele 1970, WM-Teilnahme 1974, Goldmedaille Olympische Spiele 1976

Höchster Sieg:
12:1 gegen Ceylon/Sri Lanka (1964)

Höchste Niederlagen:
jeweils 1:4 gegen Wales (1957), Tschechoslowakei (1957), Dänemark (1985)

Die meisten Spiele:
Joachim Streich (102), Hans-Jürgen Dörner (100), Jürgen Croy (94), Konrad Weise (86), Eberhard Vogel (74), Bernd Bransch (72)

Die meisten Tore:
Joachim Streich (55), Eberhard Vogel (25), Hans-Jürgen Kreische (25)

Georg Buschner, der erfolgreichste DDR-Trainer.

Die DDR-Olympiasieger von 1976

HOFFMANN RIEDIGER** LÖWE*
SCHADE LAUCK HÄFNER
KURBJUWEIT WEISE KISCHE
DÖRNER
CROY

*68. GRÖBNER, **86. BRANSCH

Die U21-Nationalelf im November 1979 vor dem Spiel gegen die Sowjetunion (1:2). Mit dabei unter anderen: Pierre Littbarski (2. v. l.), Lothar Matthäus (3. v. l.), Rudi Völler (4. v. l.) und Joachim Löw (6. v. l.). Littbarski, Matthäus und Völler legten große Karrieren als Nationalspieler hin. Beim heutigen Bundestrainer Joachim Löw stand einer großen Karriere das Verletzungspech im Weg.

Die U21-Nationalmannschaft

Um junge Spieler an die National-mannschaft heranzuführen, gab es in der Geschichte des DFB ver-schiedene Auswahlmannschaften, z.B. die B-Nationalmannschaft, die A2-Nationalmannschaft, die Olympia-Auswahl und das „Team 2006". Inzwischen gibt es diese zweiten Mannschaften nicht mehr. Wichtigstes Sprungbrett für künf-tige Nationalspieler ist heute die seit 1979 existierende U21-Na-tionalmannschaft. Spieler wie Rudi Völler oder Pierre Littbar-ski, beide später Weltmeister, ge-hörten zu den ersten, die in die-ser Auswahl auf sich aufmerksam machten. Ihren ersten Titel holte die deutsche U21 allerdings erst bei der EM 2009 in Schweden, als sie das End-spiel gegen England mit 4:0 gewann. Mit dabei waren auch die heutigen Stars Manuel Neuer, Sami Khedira und Mesut Özil.

Mit dem Triumph der U21 hatte der DFB im Jahr 2009 drei amtierende Ju-gend-Europameister. Zuvor hatten nämlich bereits

Europameister! Sami Khedira, Änis Ben Hatira, Jérôme Boateng und Andreas Beck freuen sich über den Gewinn der U21-EM 2009.

die U19 (2008) und die U17 den Euro-pameistertitel gewonnen. Aufgrund dieser Erfolge wurde der DFB 2009 von der UEFA für die beste Nachwuchs-arbeit in Europa ausge-zeichnet.

U19 und U17

In der Altersklasse U19 gab es in den 1980er Jahren jeweils einen Europameistertitel für die BRD (1981) und die DDR (1986). Deutschland gewann 1981 zudem die Junioren-Weltmeisterschaft (damals U20). Ihren zweiten und bislang letzten Europameistertitel holte die U19-Auswahl des DFB 2008 in Tschechien mit einem 3:1-Finalsieg gegen Italien. Bekannteste Spieler dieses Teams waren Torwart Ron-Robert Zieler sowie die Mittelfeld-Zwillinge Lars und Sven Bender.

Die U17 konnte seit 1982 insgesamt drei Europameisterschaften gewinnen. Beim letzten Titelgewinn 2009, als das Turnier in Deutschland stattfand, siegte die deutsche U17 vor 24.500 Zuschauern im Endspiel in Magdeburg mit 2:1 gegen die Niederlande. In der Endspiel-Aufstellung standen die heutigen Nationalspieler Marc-André ter Stegen und Mario Götze.

Bislang erreichte eine deutsche U17-Auswahl nur ein einziges Mal ein WM-Endspiel: 1985 verlor das DFB-Team gegen Nigeria mit 0:2. Bei der U17-WM in Mexiko 2011 schied die sehr gut aufspielende deutsche Elf im Halbfinale gegen den Gastgeber mit 2:3 aus. Anschließend gewann sie das kleine Finale gegen Brasilien. Nach einem 1:3-Rückstand spielte die Elf um den tollen Torjäger Samed Yesil die Südamerikaner teilweise schwindlig und gewann noch mit 4:3.

Die Ausbildungs-
Philosophie des DFB

Die U15 ist die jüngste Auswahlmannschaft des DFB. In dieser Altersklasse werden noch keine Europa- und Weltmeisterschaften durchgeführt. Aber bereits die Spieler dieses Teams sollen so professionell wie spätere Nationalspieler trainiert werden. In dem Heft *Der weite Weg* erklärt der DFB, welche Spielkultur er in den Junioren-Auswahlteams anstrebt. Technische Fähigkeiten, Fitness, taktisches Geschick, Teamgeist und leidenschaftlicher Einsatz spielen dabei eine große Rolle. Ganz wichtig ist aber auch, dass die Freude am Spiel immer im Mittelpunkt steht.

DFB-Kampagnen
Soziales Lernen steht beim DFB ganz oben. Deswegen werben auch die Auswahlteams für moralische Werte und ein gutes Miteinander. Bekannte Slogans waren zum Beispiel: „Keine Macht den Drogen", „Integration von Menschen mit Behinderung", „Friedlich miteinander – mein Freund ist Ausländer", „Fair geht vor", „Respekt".

Mario Götze 2009 im Finale der U17-EM gegen die Niederlande. Die Deutschen wurden dank eines 2:0-Sieges Europameister.

REKORDE

Bilanz
870 Spiele, 503 Siege, 176 Unentschieden, 191 Niederlagen, 1.947:1.038 Tore
Bisher spielten 894 Spieler mindestens einmal in der Nationalelf (ohne DDR).

Die meisten Zuschauer

Heimspiel: 115.000 (Stuttgart, 22.11.1950, 1:0 gegen die Schweiz)
Auswärtsspiel: 170.000 (Rio de Janeiro, 21.3.1982, 0:1 gegen Brasilien)

Die längste Serie ohne Niederlage

23 Spiele (11.10.1978 – 3.12.1980)

Höchste Siege

16:0 gegen Russland (1912)
13:0 gegen Finnland (1940)
13:0 gegen San Marino (2006)

Die meisten Spiele

Lothar Matthäus   (150 Spiele)
Miroslav Klose   (126)
Jürgen Klinsmann   (108)
Lukas Podolski   (107)
Jürgen Kohler   (105)
Franz Beckenbauer   (103)
Thomas Häßler   (101)

Höchste Niederlagen

0:9 gegen England-Amateure (1909), 0:6 und 0:5 gegen Österreich (1931), 3:8 gegen Ungarn (1954)

Heute kaum vorstellbar: 6:0 gewann Österreich 1931 in Berlin gegen Deutschland. Die Zeitschrift Fußball *sprach von einem „Gewitter", das über Deutschland hereingebrochen sei. Im Bild der Österreicher Schall (links) und der Deutsche Baier.*

Rekordnationalspieler Lothar Matthäus wird anlässlich seines 144. Länderspiels am 23. Februar 2000 geehrt.

Die meisten Tore

Gerd Müller	(68 Tore/62 Spiele)
Miroslav Klose	(67/126)
Rudi Völler	(47/90)
Jürgen Klinsmann	(47/108)
K.-H. Rummenigge	(45/95)
Lukas Podolski	(44/107)
Michael Ballack	(42/98)
Oliver Bierhoff	(37/70)
Fritz Walter	(33/61)
Klaus Fischer	(32/45)
Ernst Lehner	(31/65)

Schon wieder ein Tor! Rekordtorjäger Gerd Müller freut sich über seinen Treffer zum Endstand von 3:0 im EM-Finale 1972 gegen die Sowjetunion.

Die meisten Tore in einem Spiel

Gottfried Fuchs: 10 Tore
(Deutschland – Russland 16:0, 1912)

Am längsten ohne Gegentor

Jens Lehmann (681 Minuten / bis Mai 2008)

Jüngster Spieler

Willy Baumgärtner (1908): 17 Jahre 104 Tage

Ältester Spieler

Lothar Matthäus (2000): 39 Jahre 91 Tage

Ehrenspielführer:

Fritz Walter (1958)
Uwe Seeler (1972)
Franz Beckenbauer (1982)
Lothar Matthäus (2001)

Ewige WM-Tabelle

Land	Spiele	Tore	Punkte
1. Brasilien	97	210:89	216
2. Deutschland	99	206:119	199
3. Italien	80	126:78	153
4. Argentinien	70	123:79	124
5. England	59	77:52	97

Ewige EM-Tabelle

Land	Spiele	Tore	Punkte
1. Deutschland	43	65:45	79
2. Spanien	36	50:32	62
3. Niederlande	35	57:37	59
5. Italien	33	33:25	54
4. Frankreich	32	49:39	53

Ehrenspielführer unter sich: Fritz Walter, Franz Beckenbauer und Uwe Seeler.

(Stand: 6.2.2013)

LEXIKON DER BUNDESTRAINER

Beckenbauer, Franz
(*11.9.1945 / 1984 – 1990)

Da der „Kaiser" keine Trainerlizenz besaß, wurde er vom DFB unter der Bezeichnung „Teamchef" angestellt. Die nötige Lizenz hatten als Co-Trainer zunächst Horst Köppel und später Holger Osieck. Mit Beckenbauer erhielt die Nationalelf zunächst zwar ein neues Image, der Spielstil blieb allerdings so kampfbetont wie zuvor. Mit einer Mannschaft aus Kämpfern und Rennern wurde er 1986 in Mexiko Vize-Weltmeister. 1990 in Italien errang die Beckenbauer-Elf aber auf überzeugende Weise den Weltmeistertitel.

Derwall, Jupp
(*10.3.1927 †26.6.2007 / 1978 – 1984)

Jupp Derwall, der ehemalige Assistent von Helmut Schön, startete mit Rekorden in sein Amt: Ab seinem ersten Trainertag blieb er 23 Spiele in Folge ungeschlagen, wovon zwölf hintereinander gewonnen wurden. In diese Serie fiel auch der EM-Titel von 1980. Damit ist er bis heute der einzige Bundestrainer, der gleich in seinem ersten Turnier den größten Erfolg verbuchte. Als die Erfolge nachließen, geriet er immer mehr in die Kritik. Nach dem frühen Ausscheiden bei der EM 1984 erklärte er vorzeitig seinen Rücktritt.

Herberger, Sepp
(*28.3.1897 †28.4.1977 / 1936 – 1964)

Sepp Herberger war der zweite und letzte Reichstrainer des DFB. Sein erstes großes Turnier, die WM 1938, stand unter einem unglücklichen (Nazi-)Stern. Als Bundestrainer in der neu gegründeten Bundesrepublik Deutschland führte er die National-mannschaft 1954 überraschend zum Weltmeistertitel. Durch das „Wunder von Bern", dem 3:2-Sieg gegen Ungarn im Finale, wurde er zum Helden. Der von seinen Spielern stets als „Chef" angesprochene Trainer blieb noch zehn Jahre im Amt, konnte aber seinen großen Erfolg nicht mehr wiederholen. Geblieben sind seine zahlreiche Sprüche, die bis heute Kultstatus besitzen.

Klinsmann, Jürgen
(*30.7.1964 / 2004 – 2006)

Der ehemalige Stürmer kam ins Bundestraineramt, obwohl er bis dahin keinerlei Erfahrung als Trainer gesammelt hatte. Klinsmann brachte aus seiner Wahlheimat USA viele neue Ideen mit und krempelte beim DFB einiges um. Auf dem Platz klappte nicht alles auf Anhieb, doch dann begeisterte eine schwungvoll aufspielende DFB-Elf bei der WM 2006 die Fans. Nach dem Turnier war er erschöpft und gab den Trainerstab weiter an seinen Assistenten Jogi Löw.

Löw, Joachim
(*3.2.1960 / seit 2006)

Der stets modisch gekleidete Mann aus dem Schwarzwald hatte zwar weder als Spieler noch als Trainer ganz groß Karriere gemacht. Doch als Taktikexperte von Jürgen Klinsmann hatte er sich viel Anerkennung erworben. Unter Löw, der meist nur „Jogi" genannt wird, wandelte sich das Spiel der Nationalelf. Die DFB-Auswahl spielt nun planvoller und meist auch attraktiver als in den Jahren zuvor. Vor allem bei der WM 2010 begeisterte sie mit traumhaftem Kombinations- und Konterfußball. Löw hat noch keinen Titel erreicht, ist aber von den Ergebnissen her – knapp vor Berti Vogts – der beste aller Bundestrainer.

Seine Bilanz bis zum 6. Februar 2013: 90 Spiele, 61 Siege, 15 Unentschieden, 14 Niederlagen = 2,2 Punkte pro Spiel.

Immer schick am Spielfeldrand: Bundestrainer Jogi Löw.

Nerz, Otto
(*21.10.1892 †19.4.1949 / 1928 – 1936)

Um eine bessere Vorbereitung auf die Olympischen Spiele in Amsterdam zu gewährleisten, stellte der DFB im Jahr 1928 mit Otto Nerz erstmals einen hauptamtlichen Reichstrainer für die Nationalmannschaft ein. Der Volksschullehrer aus Mannheim führte das in England übliche W-M-System ein. Bei den Spielern war er wegen seiner Strenge gefürchtet. Als er 1936 von Sepp Herberger abgelöst wurde, lieferte er sich mit seinem Nachfolger noch länger einen Machtkampf, da er als „Referent" formal dessen Vorgesetzter blieb.

Ribbeck, Erich
(*13.6.1937 / 1998 – 2000)

Nach dem Rücktritt von Berti Vogts herrschte vorübergehend Chaos bei den Verantwortlichen im DFB. Sie konnten sich nicht auf einen Nachfolger einigen. Es wurde dann der bereits ergraute ehemalige Derwall-Assistent. Die Ära von „Sir" Erich, der als Trainer häufig ratlos wirkte, ging als die erfolgloseste in die Geschichte der Nationalmannschaft ein.

Schön, Helmut
(*15.9.1915 †23.2.1996 / 1964 – 1978)

Der ehemalige Assistent Sepp Herbergers, ein früherer Klassestürmer, übernahm 1964 den Chefposten. Als „Mann mit der Mütze" begleitete er die bis heute erfolgreichste Ära der deutschen Nationalmannschaft. Unter ihm holte die DFB-Elf einen EM- und einen WM-Titel und nahm an zwei weiteren Endspielen teil. Der stets etwas zögerlich wirkende Trainer profitierte davon, dass in seiner Zeit mit Beckenbauer & Co. eine Generation von selbstbewussten und fußballerisch außergewöhnlich begabten Spielern herangewachsen war.

Völler, Rudi
(*13.4.1960 / 2000 – 2004)

Der beliebte Ex-Torjäger, wegen seiner langen lockigen Haare liebevoll „Tante Käthe" genannt, amtierte wie Beckenbauer ohne Trainerlizenz als „Teamchef". Zwar erreichte die Nationalelf unter seiner Regie das Finale der WM 2002, wirklich überzeugend spielte sie aber während seiner vierjährigen Amtszeit nur selten. Die Fans waren trotzdem von ihm begeistert, weil er immer ehrlich seine Meinung sagte.

Vogts, Berti
(*30.12.1946 / 1990 – 1998)

Der ehemalige Klasseverteidiger, seit 1979 Jugendtrainer beim DFB und ab 1986 im Trainerstab der Nationalmannschaft, hatte als Nachfolger der „Lichtgestalt" Franz Beckenbauer einen schweren Stand. Er war als Experte anerkannt, legte die bis dahin beste Bilanz aller Bundestrainer hin und erreichte mit dem Europameistertitel von 1996 auch einen großen Erfolg. Kritisiert wurde er dennoch, wohl weil er immer etwas unsicher wirkte.

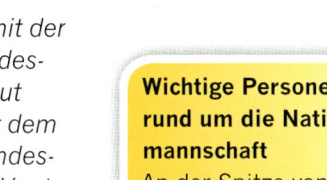

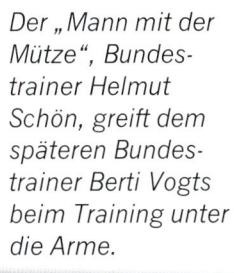

Die schönsten Sprüche von Sepp Herberger

„Das Runde muss in das Eckige."

„Der Ball ist rund und das Spiel dauert 90 Minuten."

„Die Leute gehen zum Fußball, weil sie nicht wissen, wie es ausgeht."

„Nach dem Spiel ist vor dem Spiel."

„Das nächste Spiel ist immer das schwerste."

„Der schnellste Spieler ist der Ball."

Der „Mann mit der Mütze", Bundestrainer Helmut Schön, greift dem späteren Bundestrainer Berti Vogts beim Training unter die Arme.

LEXIKON DER NATIONALSPIELER
(AUSWAHL)

In Klammern: Spielzeit, Spiele/Tore, Vereine als Nationalspieler. Abkürzungen: EM = Europameister, WM = Weltmeister. (Stand: 6.2.2013)

Gerald Asamoah

Guido Buchwald

A

Allofs, Klaus (*5.12.1956). Pfiffiger Stürmer, später Werder-Manager (1978-88, 56/17 – Düsseldorf, Köln, Marseille). EM 1980

Asamoah, Gerald (*3.10.1978). Erster gebürtiger Schwarzafrikaner, der das deutsche Nationaltrikot trug (2001-06, 43/6 – Schalke).

Augenthaler, Klaus (*26.9.1957). Kantig-grantiger Libero mit Mordsschuss (1983-90, 27/0 – FC Bayern). WM 1990

B

Babbel, Markus (*8.9.1972). Zuverlässiger Innenverteidiger aus München (1995-2000, 51/1 – FC Bayern). EM 1996

Badstuber, Holger (*13.3.1989). Innenverteidiger mit sicherem Passspiel (2010-13, 30/1 – FC Bayern).

Ballack, Michael (*26.9.1976). Torgefährlicher „Capitano" im Nationaltrikot (1999-2010, 98/42 – K'lautern, Leverkusen, FC Bayern, Chelsea).

Basler, Mario (*18.12.1968). Supertechniker, Raucher und Biertrinker (1994-98, 30/2 – Bremen, FC Bayern).

Beckenbauer, Franz (*11.9.1945). Eleganter Libero, „Kaiser", geniales Glückskind (1965-1977, 103/14 – FC Bayern). EM 1972, WM 1974

Bender, Lars (*27.4.1989). Zuverlässiger Mittelfeld-Rackerer, Zwillingsbruder von Sven Bender (2011-13, 12/1 – Leverkusen).

Berthold, Thomas (*12.11.1964). Selbstbewusster Außenverteidiger, später Golfspieler (1985-94, 62/1 – E. Frankfurt, Verona, AS Rom, VfB Stuttgart). WM 1990

Bierhoff, Oliver (*1.5.1968). Schütze des „Golden Goal" im EM-Finale 1996 (1996-2002, 70/37 – Udinese, AC Mailand, Monaco). EM 1996

Boateng, Jérôme (*3.9.1988). Verteidiger mit Hang zum Grätschen (2009-13, 28/0 – HSV, ManCity, FC Bayern).

Bode, Marco (*23.7.1969). Bremer Stürmer mit einem Gesicht wie Steffi Graf (1995-2002, 40/9 – Bremen).

Bonhof, Rainer (*29.3.1952). Geboren in Holland, dynamischer Mittelfeldspieler (1972-81, 53/9 – M'gladbach). WM 1974

Brehme, Andreas (*9.11.1960). Beidfüßiger Verteidiger, kompletter Fußballer (1984-94, 86/8 – K'lautern, FC Bayern, Inter Mailand). WM 1990

Breitner, Paul (*5.9.1951). Revoluzzer mit Afro-Look, erst Verteidiger, dann Chef und Regisseur (1971-82, 48/10 – FC Bayern, Real Madrid). WM 1974, EM 1972

Briegel, Hans-Peter (*11.10.1955). Ein bärenstarker Zehnkämpfer im Fußballtrikot (1979-86, 72/4 – K'lautern, Verona). EM 1980

Buchwald, Guido (*24.1.1961). „Diego" in der Abwehr, konnte den Übersteiger wie Maradona (1984-94, 76/4 – VfB Stuttgart). WM 1990

C

Cacau (*27.3.1981). Der dunkelhäutige Stürmer brasilianischer Herkunft wirbt als „Integrationsbotschafter" des DFB für ein buntes, weltoffenes Deutschland (2009-12, 23/6 – VfB Stuttgart).

Conen, Edmund (*10.11.1914 †5.3.1990). Stürmer mit Torschuss-Qualitäten wie später Gerd Müller (1934-42, 28/27 – FV Saarbrücken, Stuttg. Kickers).

Cullmann, Bernd (*1.11.1949). Defensiver Mittelfeld-Mann, begann seine Karriere in Köln-Porz (1973-80, 40/6 – 1. FC Köln). WM 1974

D

Deisler, Sebastian (*5.1.1980). Galt lange Zeit als größtes Talent des deutschen Fußballs (2000-06, 36/3 – Hertha BSC, FC Bayern).

Dietz, Bernard (*22.3.1948). „Enatz", Kämpfer-Kumpel, zeitweise mit Kapitänsbinde (1974-81, 53/0 – MSV Duisburg). EM 1980

E

Eckel, Horst (*8.2.1932). Laufstarker Youngster beim WM-Gewinn 1954 (1952-58, 32/0 – K'lautern). WM 1954

Eilts, Dieter (*13.12.1964). Ostfriese, ballsicher und mit großer Lunge (1993-97, 31/0 – Bremen). EM 1996

Erhard, Ertl (*6.7.1930 †3.7.2010). Knorriger Verteidiger, schon 1954 dabei, aber erst danach Stammspieler (1953-62, 50/1 – Fürth, FC Bayern).

F

Fahrian, Wolfgang (*31.5.1941). Bei der WM 1962 in Chile statt Tilkowski als Flieger im Tor (1962-64, 10/0 – Ulm 46).

Fischer, Klaus (*27.12.1949). Gelernter Glasbläser, Spezialist für Fallrückzieher-Tore (1977-82, 45/32 – Schalke).

Flohe, Heinz (*28.1.1948). In den 1970ern ein ballbegabter Mittelfeldspieler (1970-78, 39/8 – Köln). WM 1974

Förster, Karl-Heinz (*25.7.1958). Als Vorstopper weltweit gefürchtet (1978-86, 81/2 – VfB Stuttgart).

Friedrich, Arne (*29.5.1979). Nie unumstritten, trotzdem lange Nationalverteidiger (2002-11, 82/1 – Hertha BSC, Wolfsburg).

Frings, Torsten (*22.11.1976). Spitzname „Lutscher", Mittelfeldmotor und Führungsspieler (2001-09, 79/10 – Bremen, Dortmund, FC Bayern).

Fuchs, Gottfried (*3.5.1889 †25.2.1972). Bis heute Rekordtorschütze mit zehn Treffern in einem Spiel (1911-13, 6/14 – Karlsruher FV).

G

Götze, Mario (*3.6.1992). Supertalent mit Chancen auf eine Riesenkarriere (2010-13, 20/3 – Dortmund).

Gomez, Mario (*10.7.1985). Manchmal ein Stolperer und doch ein Torjäger von Format (2007-13, 58/25 – VfB Stuttgart, FC Bayern).

Grabowski, Jürgen (*7.7.1944). Dribbelstarker „Grabi" von der launischen Eintracht aus Frankfurt (1966-74, 44/5 – Frankfurt). EM 1972, WM 1974

Gündogan, Ilkay (*24.10.1990). Mittelfeld-Ass mit türkischen Wurzeln (2011-13, 5/0 – Dortmund).

H

Häßler, Thomas (*30.5.1966). Kleinwüchsiger „Icke", Freistoßkünstler (1988-2000, 101/11 – Köln, Turin, AS Rom, Karlsruher SC, München 1860). WM 1990, EM 1996

Haller, Helmut (*21.7.1939). Italien-Legionär, klaute den WM-Endspiel-Ball von 1966 (1958-70, 33/13 – BC Augsburg, Bologna, Turin).

Held, Sigfried (*7.8.1942). Ein Held mit dicken Augenbrauen (1966-73, 41/5 – Dortmund, Offenbach).

Helmer, Thomas (*21.4.1965). Vor dem Mikrofon genauso gut wie als Manndecker (1990-98, 68/5 – Dortmund, FC Bayern).

Herkenrath, Fritz (*9.9.1928). Nachfolger von Turek im deutschen Tor (1954-58, 21/0 – RW Essen).

Heynckes, Jupp (*9.5.1945). Super-Torjäger, beim DFB dennoch ohne Stammplatz (1967-76, 39/14 – M'gladbach, Hannover). EM 1972, WM 1974

Hirsch, Julius (*7.4.1892 †8.5.1945). Jüdischer Nationalspieler, von den Nazis ermordet (1911-13, 7/4 – Karlsruher FV, Fürth).

Hölzenbein, Bernd (*9.3.1946). Der „Holz" im Sturm, fiel leicht im Strafraum (1974-78, 40/5 – Frankfurt).

Hoeneß, Uli (*5.1.1952). Schneller Stürmer, später Manager und Präsident des FC Bayern (1972-76, 35/5 – FC Bayern). EM 1972, WM 1974

Höttges, Horst-Dieter (*10.9.1943). Unverwüstlicher Verteidiger-„Eisenfuß" (1965-74, 66/1 – Bremen). WM 1974, EM 1972

Höwedes, Benedikt (*29.2.1988). Abwehr-Allrounder, Kapitän der „Königsblauen" (2011-13, 11/1 – Schalke).

Hofmann, Richard (*8.2.1906 †5.5.1983). Bester deutscher Torjäger bis 1933, genannt „König Richard" (1927-33, 25/24 – Meerane, Dresdner SC).

Hrubesch, Horst (*17.4.1951). „Kopfball-Ungeheuer" vom HSV (1980-82, 21/6 – HSV). EM 1980

Hummels, Mats (*16.12.1988). Kluger Abwehr-Organisator mit Blick für den öffnenden Pass (2010-13, 24/1 – Dortmund).

IJ

Illgner, Bodo (*7.4.1967). Weltmeister-Torhüter von 1990, später auch bei Real Madrid (1987-94, 54/0 – Köln). WM 1990

Jäger, Adolf (*31.3.1889 †21.11.1944). Kombinationsstarker Stürmer, Namensgeber einer „Kampfbahn" in Hamburg (1908-24, 18/10 – Altona 93).

Jakob, Hans (*16.6.1908 †24.3.1994). Legendärer Keeper, der gern auch mal vor dem Tor verteidigte (1930-39, 38/0 – Regensburg).

Janes, Paul (*11.3.1912 †12.6.1987). Nicht besonders redefreudige Abwehr-Legende (1932-42, 71/7 – Düsseldorf).

Jeremies, Jens (*5.3.1974). Bissiger Mittelfeld-Abräumer mit Spitznamen „Jerry" (1997-2004, 55/1 – 1860 und FC Bayern).

Jupp Heynckes

Torsten Frings

Juskowiak, Erich (*7.9.1926 †1.7.1983). Gefürchteter Freistoßschütze, genannt „Hammer" (1951-59, 31/4 – Oberhausen, Düsseldorf).

K

Kahn, Oliver (*15.6.1969). Der „Titan" im deutschen Tor, vor allem bei der WM 2002 (1995-2006, 86/0 – FC Bayern).

Kalb, Hans (*3.8.1899 †5.4.1945). Schwergewichtiger „Club"-Mittelläufer, Doktor der Zahnmedizin (1920-28, 15/2 – Nürnberg).

Kaltz, Manfred (*6.1.1953). Rechtsverteidiger, Erfinder der „Bananenflanke" (1975-83, 69/8 – HSV). EM 1980

Khedira, Sami (*4.4.1987). Mann mit tunesischen Wurzeln, zuverlässiger „Sechser" (2009-13, 37/3 – VfB Stuttgart, R. Madrid).

Kipp, Eugen (*26.2.1885 †10.11.1931). Siegtorschütze beim ersten deutschen Sieg 1910 (1908-13, 18/10 – Sprtfr. Stuttgart, Stuttg. Kickers).

Kirsten, Ulf (*4.12.1965). Der „Schwatte" war torgefährlich für die DDR und die BRD (1992-2000, 51/20, DDR 1985-90 49/14 – Dyn. Dresden, Leverkusen).

Kitzinger, Albin (*1.2.1912 †6.8.1970). Bildete mit Kupfer ein perfektes Läuferduo (1935-42, 44/2 – Schweinfurt).

Klinsmann, Jürgen (*30.7.1964). Torgefährlichster Stolperer im Nationaltrikot (1987-98, 108/47 – VfB Stuttgart, Int. Mailand, Monaco, Tottenham, FC Bayern, S. Genua). WM 1990, EM 1996

Klose, Miroslav (*9.6.1978). Kopfballstarker Stürmer und Saltokünstler (2001-13, 126/67 – K'lautern, Bremen, FC Bayern, Lazio Rom).

Köpke, Andreas (*12.3.1962). Reaktionsstarker Keeper, später Bundes-Torwarttrainer (1990-98, 59/0 – Nürnberg, Frankfurt, Marseille). EM 1996

Kohler, Jürgen (*6.10.1965). Kampfstarker Fels in der Innenverteidigung (1986-98, 105/2 – Waldh. Mannheim, Köln, FC Bayern, Turin, Dortmund). WM 1990, EM 1996

Kohlmeyer, Werner (*19.4.1924 †26.3.1974). Original Pfälzer Verteidiger mit schütterem Haar (1951-55, 22/0 – K'lautern). WM 1954

Kreß, Willibald (*13.11.1906 †27.1.1989). Schöner Mann im Tor, manchmal Fliegenfänger (1929-34, 16/0 – RW Frankfurt, Dresdner SC).

Kroos, Toni (*4.1.1990). Supertechniker mit feinem Auge (2010-13, 35/4 – Leverkusen, FC Bayern).

Kuntz, Stefan (*30.10.1962). Als 33-Jähriger spätberufener Europameister in Wembley (1993-97, 25/6 – K'lautern, B. Istanbul, Bielefeld). EM 1996

Kupfer, Andreas (*7.5.1914 †30.4.2001). Kompromisslos und hart, Läufer-Ergänzung von Kitzinger (1937-50, 44/1 – Schweinfurt).

Kuzorra, Ernst (*16.10.1905 †1.1.1990). Riesenkönner im Verein, aber mit magerer Karriere im Nationaldress (1927-38, 12/7 – Schalke).

L

Lahm, Philipp (*11.11.1983). Links- und Rechtsverteidiger mit Kapitänsbinde (2004-13, 96/5 – VfB Stuttgart, FC Bayern).

Lehmann, Jens (*10.11.1969). Torhüter mit Zettel im Stutzen (1998-2008, 61/0 – Schalke, Dortmund, Arsenal).

Lehner, Ernst (*7.11.1912 †10.1.1986). Rechtsaußen, ehemals Rekordspieler und Rekordtorjäger des DFB (1933-42, 65/31 – Schw. Augsburg, BW Berlin).

Leinberger, Ludwig (*21.5.1903 †3.3.1943). Mittelfeldspieler und Kapitän, einer von vielen „Internationalen" der Kleeblättler (1927-33, 24/0 – Fürth).

Liebrich, Werner (*18.1.1927 †20.3.1995). Harter Verteidiger, Erfinder der nach ihm benannten Grätsche (1951-56, 16/0 – K'lautern). WM 1954

Linke, Thomas (*26.12.1969). Unauffällig und sicher in der Innenverteidigung (1997-2004, 43/1 – Schalke, FC Bayern).

Littbarski, Pierre (*16.4.1960). Säbelbeiniger Stürmer, zeitweise Wahl-Japaner (1981-90, 73/18 – Köln, R. Paris). WM 1990

M

Magath, Felix (*26.7.1953). Intelligenter Regisseur, später erfolgreicher Trainer (1977-86, 43/3 – HSV). EM 1980

Mai, Karl (*27.7.1928 †15.3.1993). Linker Außenläufer, genannt Charly (1953-59, 21/1 – Fürth). WM 1954

Maier, Sepp (*28.2.1944). Spaßvogel und erfolgreichster deutscher Torhüter (1966-79, 95/0 – FC Bayern). WM 1974, EM 1972

Matthäus, Lothar (*21.3.1961). Dynamiker, Rekordnationalspieler, Weltfußballer (1980-2000, 150/23 – M'gladbach, FC Bayern, Int. Mailand, New York). WM 1990

Mertesacker, Per (*29.9.1984). Langer Lulatsch mit Stammplatz in der Abwehrzentrale (2004-13, 86/2 – Hannover, Bremen, Arsenal).

Metzelder, Christoph (*5.11.1980). Kluger Abwehrstratege, guter Techniker (2001-08, 47/0 – Dortmund, R. Madrid).

Möller, Andreas (*2.9.1967). Manchmal Weltklasse, manchmal „Heulsuse" (1988-99,

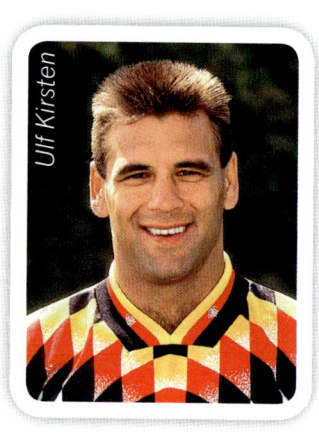

Ulf Kirsten

Jürgen Kohler

85/29 – Dortmund, Frankfurt, Turin). WM 1990, EM 1996

Morlock, Max (*11.5.1925 †10.9.1994). Als Halbstürmer Schütze wichtiger Tore, Idol des „Club" (1950-58, 26/21 – Nürnberg). WM 1954

Müller, Dieter (*1.4.1954). Dreifach-Torschütze beim Debüt, Torschützenkönig bei der EM 1976 (1976-78, 12/9 – Köln).

Müller, Gerd (*3.11.1945). Bester deutscher Torjäger aller Zeiten (1966-74, 62/68 – FC Bayern). WM 1974, EM 1972

Müller, Hansi (*27.7.1957). Der schöne Hansi aus dem Schwabenland (1978-83, 42/5 – VfB Stuttgart, Int. Mailand). EM 1980

Müller, Thomas (*13.9.1989). Laufwunder und Torjäger (2010-13, 39/11 – FC Bayern).

Münzenberg, Reinhold (*25.1.1909 †25.6.1986). Mittelläufer mit guter Technik, genannt „der Eiserne" (1930-39, 41/0 – Aachen).

N

Netzer, Günter (*14.9.1944). Großfüßiger Regisseur der deutschen Superelf von 1972 (1965-75, 37/6 – M'gladbach, R. Madrid). WM 1974, EM 1972

Neuer, Manuel (*27.3.1986). Spitzenkeeper mit Superabwurf (2009-13, 36/0 – Schalke, FC Bayern).

Neuville, Oliver (*1.5.1973). Deutsch-italienisch-schweizerischer Flügelflitzer (1998-2008, 69/10 – Rostock, Leverkusen, M'gladbach).

OP

Özil, Mesut (*15.10.1988). Mittelfeld-Zehner mit der Lizenz zum tödlichen Pass (2009-13, 44/14 – Bremen, R. Madrid).

Overath, Wolfgang (*29.9.1943). Regisseur und Filigrantechniker, Kölner Urgestein (1963-74, 81/17 – Köln). WM 1974

Podolski, Lukas (*4.6.1985). In Polen geborener „Prinz Poldi", Ballermann mit Linksfuß (2004-13, 107/44 – Köln, FC Bayern, Arsenal).

Posipal, Jupp (*20.6.1927 †21.2.1997). Stopper und Rechtsverteidiger, stammte aus Siebenbürgen (1951-56, 32/1 – HSV). WM 1954

R

Rahn, Helmut (*16.8.1929 †14.8.2003). Besorgte das „Wunder von Bern", Spitzname „der Boss" (1951-60, 40/21 – RW Essen). WM 1954

Reus, Marco (*31.5.1989). Schneller Superdribbler und Torjäger (2011-13, 14/5 – M'Gladbach, Dortmund).

Reuter, Stefan (*16.10.1966). Antrittsschneller Mittelfeldspieler aus Dinkelsbühl (1987-98, 69/2 – Nürnberg, FC Bayern, Turin, Dortmund). WM 1990

Riedle, Karl-Heinz (*16.9.1965). Kleiner Mittelstürmer mit Lufthoheit im Strafraum (1988-94, 42/16 – Bremen, Lazio Rom, Dortmund). WM 1990

Rummenigge, Karl-Heinz (*25.9.1955). Schneller Stürmer mit furchterregenden Oberschenkeln (1976-86, 95/45 – FC Bayern, Int. Mailand).

S

Sammer, Matthias (*5.9.1967). Rothaariger „Feuerkopf", Antreiber zum EM-Titel (1990-97, 51/8 und DDR 1986-90, 23/6 – Dyn. Dresden, VfB Stuttgart, Int. Mailand, Dortmund). EM 1996

Schäfer, Hans (*19.10.1927). Linksaußen und dreifacher WM-Teilnehmer (1952-62, 39/15 – Köln). WM 1954

Schmelzer, Marcel (*22.1.1988). Linker Außenverteidiger, extrem laufstark (2010-13, 9/0 – Dortmund).

Schneider, Bernd (*17.11.1973). Zauberte brasilianisch auf der rechten Seite (1999-2008, 81/4 – Leverkusen).

Schnellinger, Karl-Heinz (*31.3.1939). Blonder Verteidiger, vierfacher WM-Teilnehmer (1961-71, 47/1 – Düren, Köln, AS Rom, AC Mailand).

Schön, Helmut (*15.9.1915 †23.2.1996). Balltechnisch eleganter und torgefährlicher „Langer" (1937-41, 16/17 – Dresdner SC).

Scholl, Mehmet (*16.10.1970). Teenieschwarm, vor Turnieren stets verletzt (1995-2002, 36/8 – FC Bayern). EM 1996

Schürrle, André (*6.11.1990). Schneller Offensivspieler mit Tordrang (2010-13, 21/7 – Mainz, Leverkusen).

Schulz, Willi (*4.10.1938). Abwehrchef, DFB-Kapitän, „World-Cup-Willi" (1959-70, 66/0 – Günnigfeld, Schalke, HSV).

Schumacher, Harald (*6.3.1954). Der verrückte „Toni" im Tor (1979-86, 76/0 – Köln). EM 1980

Schuster, Bernd (*22.12.1959). Begnadeter „blonder Engel" im Mittelfeld (1979-84, 21/4 – Köln, Barcelona). EM 1980

Schwarzenbeck, Georg (*3.4.1948). „Katsche", grober Assistent des eleganten „Kaiser Franz" (1971-78, 44/0 – FC Bayern). WM 1974, EM 1972

Schweinsteiger, Bastian (*1.8.1984). Antreiber und Seele des deutschen Spiels (2004-13, 97/23 – FC Bayern).

Matthias Sammer

Günter Netzer

Mehmet Scholl

Uwe Seeler

Seeler, Uwe (*5.11.1936). „Uns Uwe", die HSV-Legende schlechthin (1954-70, 72/43 – HSV).

Siffling, Otto (*3.8.1912 †20.10.1939). Torgefährlicher Vollblutstürmer (1934-38, 31/17 – Waldh. Mannheim).

Stein, Uli (*23.10.1954). Bei der WM 1986 in Mexiko Ersatztorhüter mit Rückflugticket (1983-86, 6/0 – HSV).

Stielike, Uli (*15.11.1954). Mittelfeldtechniker, Legionär bei Real Madrid (1975-84, 42/3 – M'gladbach, R. Madrid). EM 1980

Strunz, Thomas (*25.4.1968). Verteidiger mit wechselnder Haarfarbe (1990-99, 41/1 – FC Bayern, VfB Stuttgart). EM 1996

Stuhlfauth, Heiner (*11.1.1896 †12.9.1966). Erster Weltklassetorhüter Deutschlands (1920-30, 21/0 – Nürnberg).

Szepan, Fritz (*2.9.1907 †14.12.1974). Grandioser Mittelfeldtechniker (1929-39, 34/8 – Schalke).

Szymaniak, Horst (*29.8.1934 †9.10.2009). Linker Läufer, erst Bademeister, dann Italien-Legionär (1956-66, 43/2 – Wuppertal, Karlsruher SC, Catania, Int. Mailand, Varese, Tas. Berlin).

Olaf Thon

T

Thom, Andreas (*7.9.1965). Erster DDR-Fußballer in der Bundesliga, Doppel-Nationalstürmer (1990-94, 10/2, DDR 1984-90, 51/16 – Dyn. Berlin, Leverkusen).

Thon, Olaf (*1.5.1966). Kleiner Straßenfußballer aus dem Ruhrgebiet (1984-98, 52/3 – Schalke, FC Bayern). WM 1990

Tilkowski, Hans (*12.7.1935). Langjähriger Stammkeeper, nur 1962 nicht (1957-67, 39/0 – Herne, Dortmund).

Turek, Toni (*18.1.1919 †11.5.1984). Der „Fußballgott" im deutschen Tor (1950-54, 20/0 – Düsseldorf). WM 1954

UV

Ugi, Camillo (*21.12.1884 †18.5.1970). Mittelläufer mit italienischem Blut, Olympiateilnehmer (1909-12, 15/1 – VfB Leipzig, Sportfr. Breslau).

Völler, Rudi (*13.4.1960). „Ruuudi", beliebter und erfolgreicher Torjäger (1982-94, 90/47 – Bremen, AS Rom, Marseille). WM 1990

Vogts, Berti (*30.12.1946). Rechtsverteidiger, setzte als „Terrier" jeden Gegner matt (1967-78, 96/1 – M'gladbach). WM 1974, EM 1972

W

Walter, Fritz (*31.10.1920 †17.6.2002). Verlängerter Arm des Bundestrainers Sepp Herberger (1940-58, 61/33 – K'lautern). WM 1954

Walter, Ottmar (*6.3.1924). Der „Ottes", Stürmer und jüngerer Bruder vom Fritz (1950-56, 21/10 – K'lautern). WM 1954

Weber, Wolfgang (*26.6.1944). Rettete Deutschland im WM-Finale 1966 in die Verlängerung (1964-74, 53/2 – Köln).

Willimowski, Ernst (*23.6.1916 †30.8.1997). Enorm torgefährlicher Stürmer, der sowohl für Polen wie für Deutschland traf (1941-42, 8/13 – PSV Chemnitz, München 1860).

Wimmer, Herbert (*9.11.1944). Dauerläufer und Wasserträger für Netzer (1968-76, 36/4 – M'gladbach). WM 1974, EM 1972

Wörns, Christian (*10.5.1972). Bei Waldhof Mannheim geschulter klassischer Manndecker (1992-2005, 66/0 – Leverkusen, Paris SG, Dortmund).

Z

Ziege, Christian (*1.2.1972). Flinker Außenbahnspieler aus Berlin (1993-2004, 72/9 – FC Bayern, AC Mailand, Middlesbrough, Liverpool, Tottenham).

Große Freude bei Thomas Müller, Sami Khedira, Philipp Lahm und Mesut Özil: Das 2:1 gegen die Franzosen am 6.2.2013 in Paris bedeutete den ersten Sieg einer deutschen Elf in Frankreich seit dem Jahr 1935!